いま読む！名著

ジョン・ロールズ『正義論』を読み直す

「格差の時代」の労働論

福間 聡
Satoshi FUKUMA

現代書館

いま読む！名著

「格差の時代」の労働論

ロールズ『正義論』を読み直す

＊

目次

序章

「格差の時代の正義論
――働かないのは不正義なのか？」

1　現代は、格差の時代である。

八〇年代の格差と現代の格差の違い

現在は格差の時代である。「社会格差」という、以前は聞き慣れなかった言葉がメディアで頻繁に取り上げられるようになって久しい。「格差」とは「同類のものの間における、価格・資格・等級・水準などの差」（大辞林）を意味しており、それゆえ「社会格差」も「同類」と考えられているものの間での格差を意味している。日本のメディアで「格差」が言及される場合、「同類」と考えられている対象とはもちろん「日本国民・市民」であり、したがって「社会格差の存在は悪い」「いや、社会格差はあっても良い」という言説がメディアにおいて用いられているとき、そこに含意されていることは「日本国民という同類、すなわち類似している等しい存在にあっては格差があることは望ましくない」「日本国民という同類であるとしても、何から何まで等しくある必要はない」ということであろう。

これが、地球規模で考えられた場合には、対象は「地球上の人類」になり、そこでは南北間格差、東西間格差など国家間の比較が生じてくる。つまり「格差」を考察する場合、それが論じられている土俵、枠組みを意識しておくことは重要なことだろう。

さて、この「格差」という言葉は、近年では、社会格差のみならず、情報や教育、健康という、より細分化された領域において、そして恋愛や結婚というより生活に密接に関係してくる具体的な領域においても用いられることが多くなってきた。これらの場面で「格差」ということばの使用が流布しているのは、それを興味本位に扱うメディアの影響力も大きいが、実は私たち一人ひとりが、大きな（かつ、漠とした）概念である「社会格差」より、小さな（具体的な）「格差」を痛切に感じていることがその最たる理由ではないだろうか。

このように書くと「格差」というものが、近年の日本で急にクローズアップされているように感じられるかもしれないが、過去に格差が日本社会に無かったかというと、そんなことはない。一億総中流といわれていた時代もあったが、だからといってすべての国民が同程度の生活をしていたわけではない。一九八〇年代には「〇金・〇ビ」といった、同じ職業ではあるがその中に存在する階層差や所得格差をカリカチュアライズしたことばが一九八四年の新語・流行語大賞の金賞を受賞している。*1

しかしながらこの時点での格差は、あくまで戯画化された「格差」であり、現在の格差が含意するような悲壮感や嫉みはさほど存在しなかったように思う。なぜなら、まだ将来への希望があり、誰もが勉学に励み努力をすれば、「普通」の生活を営むことができることについて誰も疑いを抱いていなかったからだろう。

後退感の中で広がっていく格差

しかし八〇年代と比べ、事態は大きく変化している。自分の親と同じような生活を行うこと、すなわち、結婚し、子どもを持ち、一家を構え、子どもが独り立ちし、退職した後は孫の面倒を見ながら気楽に老後を過ごすといった生活は普通ではなく、「恵まれた生活」であるという認識を抱いている人は少なくないのではないだろうか。これは若者だけではなく、全ての世代に共通している認識であろう。大学まで卒業したのだから普通に就職活動すれば、普通の会社に正社員として入社できると信じていた親が、自分の子どもが正社員として就職もできなければ、そのため結婚もできないという事態に直面したならば、子ども以上に落胆するのではないだろうか。

以前は「当たり前」と考えられていたことが当たり前でなくなり、「普通のこと」が普通でなくなりつつある。こうした後退感（停滞感ではない！）の中で「現在の社会格差はおかしい」という人々の声が大きくなっているのも肯んずるところである。まず、具体的な数字でそれを確認していく。

たとえば平成九年（一九九七年）では、二〇代前半の男性の平均年収は三〇七万円、二〇代後半で四一三万円であり、三〇代前半になると五一三万円、三〇代後半で五八九万円であった。それに比して、平成二四年（二〇一二年）になると二〇代前半は二六〇万円、後半は三六七万円、三〇代前半は四三一万円、後半は四九八万円と下落している。*2 このように一五年間の平均年収はバブル期以降、上昇傾向はなく、停滞というより、はっきりと後退しているといえるだろう。

また「若者の〇〇離れ」という現象が取り上げられることも多い。たとえば、若者の「自動車離れ」や「腕時計離れ」、そして「映画離れ」や「スキー離れ」といった事柄は、嗜好・選好の変化（何に満足を見出すのか）として、またインターネットや情報端末機器（ケータイ・スマホ等）の普及によって生じた現象として理解できるかもしれない。さらにそれはマス・メディアによる特定製品の消費促進と、それに伴う若者批判でしかないとみることもできる。しかし、こと「結婚離れ」や「恋愛離れ」といった現象は若者の価値観の多様化、ライフ・スタイルの変化といったことだけでは済ますことができない問題ではないだろうか。

国立社会保障・人口問題研究所による「第一四回出生動向基本調査（二〇一〇）[*3]」によると、いずれは結婚しようと考える未婚者の割合は、男性八六・三％、女性八九・四％と、依然として高い水準にはある。しかし、一年以内に結婚する意欲のある未婚者の割合を就業状況別にみると、男性では大きな差が見られ、「自営・家族従業等」、「正規職員」といったある程度安定している職にあっては五七・六％、五六・七％と、高い傾向がある一方で、「パート・アルバイト」、「無職・家事」などでは三三・八％、三八・六％と低い傾向がみられる。また正規就業者、非正規雇用者の未婚率の差には大きな格差が見られる。三〇代にあっては正規就業者の未婚率は三〇・七％であるが、非正規就業者の未婚率は七五・六％に及んでいる[*4]。この格差は、経済力が十分でないために恋愛や結婚ができない若者が増加しているということを示しており、「結婚離れ」や「恋愛離れ」など「若者の〇〇離れ」という現象として、ひと括りにして考えてもよい問題ではないだろう。

こうした、より生活に近い問題として生じてきた切実な格差に直面せざるを得ない社会的な状況が起因の一つとなって、二〇一〇年に出版されたハーバード大学の政治哲学者マイケル・サンデルの「正義」に関する著書『これからの「正義」の話をしよう』（早川書房、二〇一〇）が哲学書としては異例の読者数（六〇万部以上の売上げ）を獲得したのではないかと思われる。

2 正義論の流行

豊かであれば正義は不要なのか？

九〇年前後まで、社会的な諸問題を考察する際に日本において依拠されてきた哲学者といえばカール・マルクスであるが、彼によれば「正義」といったものはブルジョア資本主義的な概念であって、共産主義が成立した後の社会にあっては、正義というものは基本的な機能を失うことになると考えられていた。

共産主義社会のより高次の段階において、すなわち諸個人が分業に奴隷的に従属することがなくなり、それとともに精神的労働と肉体的労働との対立もなくなったのち、また、労働がたんに生活のための手段であるだけでなく、生活にとってまっさきに必要なこととなったのち、また、諸個人の全面的な発展につれて彼らの生産能力をも成長し、協同組合的な富がそのすべての泉から溢れるばかりに湧き出るようになったのち——その時はじめて、ブルジョア的権利の狭い地平は完全に踏み越えられ、そして社会はその旗にこう書くことができる。各人はその能力に応じて、各人にはその必要に応じて！*5

この引用で述べられている「ブルジョア的権利」とは自己の労働に応じて富を得ることができるという私的所有権のことであり、資本主義社会にあっては各人の私的所有権を保護することが正義とされている。そしてこの「ブルジョア的権利」を前提とした「ブルジョア資本主義社会」とは、資本家と無産労働者（プロレタリアート）からなる現在まで連なる資本主義社会の形態であるが、マルクスにあってはこの資本主義体制自体が矛盾と混乱を含んだ不正な体制であり、生産手段（土地、工場、生産設備）の私有を否定する共産主義によって克服されるべき対象であった。

マルクスによれば、共産主義社会にあっては、生産諸力の発展によって圧倒的に豊かな富がもたらされるため、各個人は能力に応じて貢献・生産し、必要に応じて財を受け取ることになり、それゆえ正義という徳目を必要としないということになっていた。

マルクスからさかのぼること約一〇〇年、一八世紀のスコットランドの哲学者デイヴィッド・ヒュームは、社会契約とは異なる方法で正義というものを模索した人だが、彼もまた、我々の貪欲な欲求を充たしうるほど十分に豊かな状況にあっては、正義という徳目は必要とされることはないであろう、と論じている。

このような幸せな状態にあっては、他のすべての社会的美徳は栄え、十倍にも増加するであろうが、しかし正義という用心深く猜疑心の強い美徳は、一度も夢想されなかったであろうことは明白であると思われる。すべての人が、すでに十二分に持っているのに、何の目的で財貨の分配がなされるのか。おそらくは何の侵害もありえないところに、何故所有権が発生するのか。この物が他人に奪われても、私が手を伸べさえすれば、それと等価値のものを私自身手にすることができるときに、何故それを私のもの（mine）と称するのか。その場合は、正義は全く無用であるので、無駄な礼儀となり、おそらく美徳の目録の中には決して存在しえないであろう。[*6]

「十分に豊かであれば（分配上の）正義は必要とされない」というのが哲学者たちに共通した見解であったようだ。

このような視座から、マルクス主義を信奉する人たちは、ことさら「正義」に言及することはなく「搾取」といった概念を用いて、資本主義が労働者にもたらす社会的な害悪を糾弾し、まずは共産主義社会の前段階である社会主義社会（すべての人が能力に応じて働き、労働に応じて報酬を受け取る平等な社会）へと我々の社会を改革することを要求していた。

しかし九〇年前後には社会主義国であったソビエト連邦や東欧諸国が崩壊し、中国が実質資本主義体制（社会主義市場経済）に移行したことにより、その理論的な支柱に陰りが見え始めた。

「正義」の混迷と再発見

そして二〇〇〇年代に入ると社会は大きく変化してくる。中国の発展に伴うアメリカ一国主義の後退、ギリシア、イタリアなど南欧諸国の経済不安から生じたEU諸国の財政危機、そして二〇一〇年のチュニジアでのジャスミン革命に端を発するイスラム社会の不安定化。そしてその前後に起こったサブプライム住宅ローンの破綻による二〇〇八年の米国のリーマン・ショックは、この変化の流れのひとつの頂点ともいえるだろう。

そして、日本でも、社会格差を容認してきた自民党的な政治に対して人々は不満感を抱き、その解決への欲求が二〇〇九年の民主党政権の樹立をもたらした（とりわけ菅政権時代には「最小不幸社会」を提唱したものの、しかしながらそうした人びとの期待に応えるような政権運営を行うことはできなかったが）。

こうした社会情況下において、以前は「正義の味方」「正義のヒーロー」という表現によって漫画やアニメでのみ用いられてきた抽象的な「正義」という概念がより切実な思いを伴って注目されることになった。その象徴といえるのが二〇一〇年にNHKで放映された『ハーバード白熱教室』である。これは政治哲学者であるマイケル・サンデルのハーバード大学での人気講義をもとにしたテレビ番組であるが、「殺人に正義はあるか」「能力主義に正義はない？」など身近なテーマを学生に投げかけ、そこでの議論をもとにサンデル自身の理論の提起を行なうものであった。そして時を同じくしてそのサンデルの論敵であり、講義内で何度も言及しているジョン・ロールズの『正義論』の新訳が出版されると、八〇〇〇円近い価格ながらも増刷を重ね（八刷）、その発行部数は一万二〇〇〇部に達している。

こうした現象は、明らかに我々の社会が「正義」を求めているということのあらわれではないだろうか。とすれば、それは「何に対する／何に関する」正義であり、その「正義」とは一体どのような事柄であるのだろうか。

サンデルの「白熱教室」が話題になった理由

この問題について検討するために、サンデル流の正義論がなぜここまでのブームになったかを考えてみよう。サンデルの名前が一躍日本においても有名になったのは、前述のＮＨＫで放映された『ハーバード白熱教室』とこの講義内容を書籍化した『これからの「正義」の話をしよう――いまを生き延びるための哲学』の大ヒットであるが、『サンデルの政治哲学――〈正義〉とは何か』の著者であり、サンデル研究の第一人者でもある小林正弥は、次の八つの理由を挙げている。[*7]（一）ハーバードと言うブランド、（二）大衆社会における知のオアシス、（三）対話型講義の新鮮さ、（四）演劇的アート（技術・芸術）、（五）事例と道徳的ジレンマの吸引力、（六）政治哲学という新ジャンルの魅力、（七）日本や世界の時代状況とのマッチ、（八）東アジアの文化的伝統。

これらはそれぞれ的を射た理由であると思われるが、なかでも私は（七）に注目したい。以下、時間軸に沿ってその時代状況というものをみてみたい。

「正義 Justice」の名で知られているサンデルのハーバードでの政治・道徳哲学の入門講義（正式の講義名は「道徳的推論・理由付け22 Moral Reasoning 22」）は一九八〇年から開始されている。*8 初めは普通の政治・道徳哲学の講義のように、「義務論」とはどのような道徳理論であるのか、リバタリアンであるノージックの見解とはいかなるものであるのかを説明するような講義を行なっていたが、徐々に現在の講義スタイルが確立していったようである。これまで延べ一万五〇〇〇人を超える学生が受講しているが、最も受講者数が多かった年は二〇〇七年の秋学期で、一一一五名の登録があったそうである。*9

二〇〇七年に受講者数が最も多かったのは象徴的である。二〇〇七年は二〇〇八年のリーマン・ショックの引き金となったサブプライム・ローン（サブプライム住宅ローン危機）問題が顕在化し、同じく二〇〇八年にアメリカ大統領に就任したバラク・オバマの大統領選が行われていた年である。オバマは経済格差と金融危機をもたらしたブッシュ共和党政権からの変革を訴え、規制や金融機関の監視を強化し、低所得者層に目を向けた経済政策や医療保険制度、年金制度の改革を選挙の公約としていたが、このキャンペーンには二〇〇五年にサンデルの講義を受講した学生も参加していたとのことである。このように二〇〇七年に最多受講者数を記録した背景は、社会・経済格差が広がるアメリカ社会に対する学生の不満と変革（Change）への期待が反映されていたのではないかと思われる。

二〇〇九年にはサンデルの「正義」講義がハーバード大学の協力の下、非営利・公共放送ネットワークであるPBSに属しているWGBH-TVにおいてアメリカではテレビ放映された。このプログラムのサイトでは[*10]「正義」講義で扱われた事例（たとえば、「拷問は正当化されるか」（第四講義）や「課税に正義はあるか」（第五講義））に関して視聴者が議論できる環境（電子掲示板システム―BBS）が整えられており、現在でもコメントの投稿が行われていることからみても、正義の問題に対するアメリカ市民の関心の高さをうかがい知ることができよう。

そして日本でも『ハーバード白熱教室』が高視聴率を博し、『これからの「正義」の話をしよう』が一年間だけで六〇万部を超える発行部数を記録したという。この爆発的なヒットの背景には、小泉構造改革による社会・経済格差の拡大――二〇〇五年にジニ係数がはじめて〇・五を超え、世帯の所得格差が過去最大となった、[*11]また自殺者が一〇年以上三万人を超過し、そのうち経済・生活問題を原因とする自殺者が八八〇〇人以上であった（二〇〇三年）[*12]――や、リーマン・ショックによる派遣切りや新卒者の内定取り消しの問題（非正規労働者一二万人以上が失業、内定取り消し一〇〇〇人超）、それに引き続く日比谷公園での年越し派遣村（二〇〇八）や公設派遣村（二〇〇九―二〇一〇）の設置が世間の目を引いたことが挙げられよう。

さらには「消えた年金問題」が一つの口火となり、長期にわたった自民党政権に対して人びとは不信感を抱き、社会的な公平さを求めていたことも要因のひとつだったのではないだろうか。こうしたことが「友愛社会」と「国民の生活が第一。」をスローガンにした民主党への政権交代をもたらしたとも思われる。

このように、文字通り目に見える形で社会格差が顕になった時期と人びとが正義の問題へと関心を向けるようになった時期が重なっていたことは、単なる偶然ではないであろう。

また日本以上に若年者の失業、自殺、非正規雇用、社会格差が問題となっている韓国でもサンデルの講義は評判となり、著書はベストセラーとなっている。日韓でのサンデルに対する反応の違いを毎日新聞論説委員の中島哲夫は次の様に指摘している。[*13]

日本での最大の関心は、教授の講義の抜群の面白さにある。ネット上では授業の手法についての話題が目につく。正義を論じた書物に触発されて、身近な問題を一緒に議論してみようという動きもあるようだ。そして研究者からは、行き過ぎた市場主義の弊害を道徳的観点から批判するサンデル教授の哲学を、日本の格差問題への対処に活用できるといった声も出ている。しかし、こうした意見が具体的な政策論争に直接反映される兆しは、今のところ見えない。

韓国ではどうか。李明博《イミョンバク》大統領は八月初めの休暇中に教授の著書を読んだという。それとは直接関係なく以前から温めていた構想らしいが、同月一五日の演説で「公正な社会」の実現という政策目標を打ち出した。「敗者が再起でき、勝者が独り勝ちしない社会」といった概念で、市場主義の冷酷な面を修正する狙いを含んでいる。教授の正義論と重なるところがある。

しかし李大統領の目標達成は容易ではあるまい。今の韓国は優良企業が国際的に大躍進する一方、競争と格差は日本より厳しいように見える。「公正な社会ではない」という国民の不満が「爆発寸前」なのだと、韓国では著名な女性コラムニストが最近の新聞に書いている。

しかも韓国社会の政治的亀裂は深く、鋭い対立が避けられない。野党勢力の相当数が「サンデル旋風」を政権批判の武器にしている。訪韓した教授が著書の売れ行き好調の背景について「正義に関する幅広い論議への渇望があるようだ」と語ると、ネット上には「教授は李明博政権を不道徳と診断した」という我田引水の書き込みが出た。

「公正な社会ではない」という国民の不満が「爆発寸前」であり、「正義に関する幅広い論議への渇望がある」のは韓国だけではなく、日本社会でも同じではないだろうか。またこれまで「当たり前」や「普通のこと」と考えられていたことが、当たり前でも普通のことでもなくなってしまった状況において、将来に対する不透明感からこれまでの「世間の常識」であると考えられてきた「価値観」を問い直す気運が若者の間で高まっていたといえる。

サンデルもあるインタビュー記事において次のように述べている。

> 昨年〔二〇一〇〕の夏、訪日したときに感じたのは、社会にある大きな問題について議論したい、という日本人の気持ちです。それに対する飢えのようなものがいまの日本人、とくに若者にはあると思いました。そもそも、さまざまな価値観について深く議論したいという気持ちがなければ、いくらこのような本が出ても売れなかったと思います。正義や公正について考えたい、という気持ちを日本人がもっていたことは確かでしょう。*14

では社会的な正義や公正について議論する渇望を現代の日本人は持っているとしても、議論する文化は日本社会に根付きつつあるのだろうか。民主党政権の成立時は新たな社会像を人びとは模索しているように見えた。

二〇一〇年一月の施政方針演説で鳩山総理は新しい政権のキーワードとして「新しい公共」を挙げ、教育や子育て、医療や福祉などの公共サービスを、「官」だけでなく、地域のNPO法人や市民が積極的に提供できるような社会の実現を目指すことを表明した。これまで政府が独占してきた領域を「新しい公共」に開き、「国民が決める社会」を作ることが「新しい公共」の目的とされた。具体的には、①国民が寄付をしやすくするための税制（税額控除の導入、みなし寄付限度額の引き上げ等を可能にする税制改革等）、②国や自治体による、従来型の補助金ではない新しい発想による事業活動支援（依存型の補助金や下請け型の業務委託ではなく、新しい発想による民間提案型の業務委託、市民参加型の公共事業等の仕組みの創設）、③ソーシャル・キャピタル（社会関係資本）を育成するための効果的な財政支援や投資、といった方策を提言した。

そして続く菅総理は二〇一〇年一〇月の所信表明で「政治の役割は個々人の幸福の中身（恋愛や結婚など）に立ち入ることではなく、貧困や失業や戦争など国民や世界や人々が不幸になる要素をいかに少なくしていくことである」といった「最小不幸社会」や、議論を深め結論を出せる「熟議の国会」といったビジョンを示した。

こうした二人の首相の下、ロールズ的な社会像やサンデル風の討議が日本の政治において目指されるかに思われたが、実現には至らなかった。鳩山総理の政治資金問題と普天間基地移転問題、菅総理の福島第一原発事故処理問題、そしてこの二人の総理の尻ぬぐいに終始し、消費税の増税を取り付けただけに終わった野田総理、といった具合に、人びとが期待した初発の志をほとんど達成できないまま民主党政権は自滅し、二〇一二年一二月「日本を、取り戻す。」をスローガンにした自民党が政権に復帰する事態となった。現在のところ、安倍新政権の経済政策（アベノミクス）は、数字上は、功を奏しているように見えるが、従来の自民党と同様、単なる（経済的）パイの拡大だけを目指しており、その分配の在り方には配慮していないように思われる。

少し長くなったが、このように二〇〇七年のサブプライム・ローン以降の世界状況を丁寧に読み解いていくと、「世界が正義を求めていた」ということは明らかだろう（その最たる例が、米国のウォール街占拠運動（Occupy Wall Street）や、日本での脱原発デモであろう）。そんな中で、前述の小林が挙げたようないくつかの要素が絡み、サンデルの「白熱教室」がブームになったと考えられる。本書はそのサンデルの論敵というより、サンデルが大いに依拠しているジョン・ロールズの大著である『正義論』を読み直していくことを目的とする。

なぜかといえば、この書によって正義についての理論的な枠組みが明快に提示され、正義についての規範的な議論が復活した（ゆえに大いなる論争が巻き起こされた）から。

もうひとつは、ロールズが提示する「格差原理」――社会において最も恵まれていない人々に対して最大限の配慮をすべしという原理――というものが今ほど、必要とされている時代は無いのではないかと思われるからである。

本書ではロールズの正義の理論に依拠しながら、特に「格差社会の中での労働」について徹底的に考えていきたい。

3　本書で「労働」を中心に取り扱う理由

循環する格差の中での「労働格差」

本書で考察したいのは、主として「格差社会の中での労働」、とりわけ「労働をめぐる正義」の問題である。なぜ労働なのか。その理由は第三章で詳述していくが、今日生じている社会格差は、仕事、結婚、家族、教育における格差の循環から生じていると考えられている。[*15] そして、その中心に位置しているのが仕事、つまり「労働」の格差ではないかと考えるからだ。

その鍵となるのが、非正規社員の急激な増加である。総務省の「平成二四年就業構造基本調査」によると、パート、アルバイト、派遣・契約社員といった「非正規の職員・従業員」の割合が雇用者全体（役員を除く）の三八・二％を占めており、一九九二年の二一・七％から一六・五ポイント増加している。男女別では、男性は二二・一％であり二割を初めて超えており、女性は五七・五％と前々回（二〇〇二年）から引き続いて五割以上となっている。非正規就業者の総数は二〇四三万人となり、調査開始以来、初めて二〇〇〇万人を突破したことになる。これは一九九二年の一〇五三万人と比べると二〇年間でほぼ倍増している。[*16]

若年層に目を向けると、さらに厳しい現実が見えてくる。総務省の「労働力調査」[*17]に基づいて一九八八年二月から二〇一三年一～三月までの変化を見ると、在学中を含む一五歳から二四歳の若年層では正規労働者は五一二万人から二二一万人に減少し、非正規労働者は一〇六万人から二二四万人に増加している。この期間、非正規労働者の比率は、全年齢で一八％から三六％へと倍増しているが、若年層では一七％から三倍近い五〇％に高まっている。[*18]

また非正規就業者の中でも、働いても満足に生活できない、すなわちその収入が生活保護水準以下の「ワーキング・プア」と呼ばれる人たち（年収二〇〇万円未満の給与所得者）は一〇八〇万人を超えている。[*19] 二〇一二年の一年を通じて勤務した給与所得者は四五五六万人であり、そのうちの二三・九％がワーキング・プアに分類されることになる（二〇一〇年の調査結果では二二・九％）。実に、男性給与所得者の一〇・八%、女性の給与所得者の四三・五%がワーキング・プアの状態にあるわけである。

ワーキング・プア問題と関連して、生活保護受給者数は二〇一三年三月に二一六万人を超え、世帯数では一五七万世帯が保護を受けている。この受給世帯のうち、「高齢者世帯」「母子世帯」「傷病・障害者世帯」以外の「働ける世代（稼得年齢層）」であると考えられる「その他の世帯」の割合が、保護世帯数、世帯保護率ともに大きく増加している。一九九九年の「その他の世帯」の保護世帯数は五万一八四世帯（構成割合七・一%）であったのが、二〇一三年四月時点では二八万七一五六世帯（一八・二%）となっている。[*20]

そして大学生の就職活動はリーマン・ショック以後厳しさを増し、就職活動の失敗から精神的に追い詰められて鬱となり、自殺へと至る「就活自殺」と呼ばれる若年者の自死が増加している。新聞報道などでは、遺書の記述などから「就活の失敗」が原因とされた大学生の自殺者数は、一〇年が四六人、一一年が四一人となっており、警察庁が詳しい自殺原因の公表を始めた〇七年（一三人）の三倍以上に達している。[*21]

こうした就職活動を何とかくぐり抜けて就職したとしても、その先に待っているのは一日十数時間も働かせてまともに残業代を払わない、あるいはパワハラや人材の使い捨て（大量に採用して乱暴に解雇する）が横行している「ブラック企業」という労働環境が劣悪な会社である。「ブラック企業」ということばは、元々はインターネット上のスラング（ネットスラング）だったが、現在では広く使われるようになっている。[22] 就職難のため、このような違法状態の職場でも無理して働く若者が増え、早期離職や過労死の原因の一つとされている。

確かに「社蓄」や「(企業への)滅私奉公」ということばが以前からあったことからも分かるように、長時間労働や残業代の未払い(サービス残業)、休日出勤や上司からのパワハラなどは日本の企業においては昔から存在していたことではあるが、しかしそれでも若者が我慢できていたのは正規雇用者としての「終身雇用・年功序列・厚い福利厚生」がセットとなっていたからである。しかし現在ではそうした対価が無い状態で過酷な労働だけが若者に求められている。

「働いたら負けかな」

そんな社会状況の中、定職に就いていないと思われる若者が発した「働いたら負けかなと思っている」という発言がテレビで放映されるや、ネット上で賛否両論を引き起こした。

この発言はフジテレビの番組『とくダネ!』内で二〇〇四年九月に放送されたニート特集「六三万人に急増中　フリーター？　失業者？　働かない若者〝ニート〟」に登場した二四歳男性によるものである。この番組では、三人で共同生活を送るこの男性の生活ぶりをレポートする形で紹介したが、レポーターの「働かないんですか」などの質問に対して返された「遊んで暮らしてます」「働いたら負けかなと思ってる」「今の自分は勝ってると思います」といった発言がこの放送後ネット上で話題になった。

この発言をどう解釈するかは、解釈する者が置かれている社会・経済的立場によって大きく異なるであろう。十分な給料を得ている正社員であれば、ニートによる負け惜しみの発言であると解釈するであろうし、日々の労働で心身をすり減らしながらも十分な給料を得ていないワーキング・プア状況にある者にあっては、現代の労働状況を言い当てている至言であると解釈するであろう。

では「働く」とは私たちにとって一体どんなことなのだろうか。「勤労の義務」というものを我々の多くは受け入れていると思われるが、英国の哲学者バートランド・ラッセルは「怠惰への讃歌」の中で、次のように述べている。

歴史的にいうなら、〔勤労の〕義務の観念は、権力の保持者が、他の人々に自分たちのためにというより、その主人の利益に仕えるために生きていくように仕向ける手段である。[*23]

すなわち、一般的な労働倫理に従い、たとえ所得が低くとも、働くことは良いことなのだ、正しいことなのだという考えはまやかし、あるいは支配者層が大衆に植えつけた権力者に資するイデオロギーに過ぎない、とラッセルは唱えている。[*24]「働いたら負けかな」という発言には、「勤労の美徳」なるものが有しているイデオロギー性を糾弾する目的はなかったと思われるが、しかしながら労働を取り巻く混迷した社会状況にあっては、従来の道徳的観念に基づくように「働くことは正しく、働かないことは正しくない、不正義である」と単純に言えるだろうか。現代の日本社会は、正直者、すなわち賃金が低くとも正しく働く者が馬鹿を見る状況ではないと言い切れるのだろうか。

プラトンは「正しいひとは幸福でもあるのか」という問題を『国家』の中で論じたが、もし働くことが正義であるとするならば、この問いは「働くひとは幸福でもあるのか」と問い直すこともできる。以前（昭和の時代）であればこの問いは至極当然のことを問うているとされ、問題にすらならなかったと思われるが、現状にあっては「はたしてどうなのだろうか」と我々の関心を引く問いとなってしまっている（のは不幸な状況であると言わざるをえないのだが）。

本書の構成

この問いに答えるためにも、本書では、この問いの前提である「働くことは正しいのか」という問題を深く考えてみたい。この問いを考察するにあたって本書が依拠する哲学者は上述したジョン・ロールズである。

そしてその中でも注目していきたいポイントは、彼の主著および諸論文の中で「労働」はどのように論じられているのか、また現代の私たちの社会が基礎を置いている資本主義的福祉国家に取って代わると彼が構想する「財産所有の民主制」にあっては「労働」はどのような位置づけをされていくのだろうか、という二点である。

『正義論』でロールズは、人びとが社会の中で生を営む上で欲することが合理的な対象として、（市民的ならびに政治的）「自由」と「権利」、（教育、就労、公務への）「機会」、「所得と富」、「自尊の社会的基礎」を挙げている（これらは「社会的基本財」と名付けられている）が、「労働を行う権利」は明示的には挙げられていなかった。しかし『正義論』から約三〇年を経て出版された『万民の法』にあっては、単に人びとにソーシャル・ミニマム（いわば生活保護の支給）を保障するだけでなく、雇用の創出のために政府を通じて「社会が雇用主」になることを、社会の安定性のために要求している。このロールズの労働に対する見解の変化はどのように解釈すべきであり、日本社会の現状を批判的に吟味するにあたってどのような含意を有している（または有していない）のだろうか。

本書の構成であるが、第1、2章ではロールズの『正義論』が提示した問題の重要性と、それを取り巻く思想潮流について論じる。はじめに、第1章で、ロールズ『正義論』の基本概念を整理した上で、第2章では、ロールズに対していかなる立場の論者から、どのような批判が投げ掛けられたのかを検討する（リバタリアニズムからはノージック、コミュニタリアニズムからはサンデル、ケイパビリティ・アプローチからはセン、フェミニズムからはオーキン）。

次に第3章では、ロールズの「格差論」を俎上に載せる。ロールズが問題としている格差、すなわち是正すべき格差の対象として考えられている事柄とは上述した「社会的基本財」の格差であり、とりわけ、所得と富、ならびに自尊の社会的基礎における格差に焦点が当てられている。それゆえ「恋愛格差」や「結婚格差」といった現在日本社会で一部話題となっている格差はもちろんロールズによって取り上げられてはいない。しかしそうした一見、無関係に思える「結婚」「恋愛」などの格差の背景には、単なる個々人の容姿や性格の問題ではなく（婚姻率が今よりも高かった時代の日本は現在よりも美男美女や善男善女が多かったわけではない!)、価値観やライフ・スタイルの多様化とともに、所得や雇用状況といった基本的な要因が深く関わっている。こうした格差は個々人の自尊と大いに関わっており、無視してもよい格差ではないと思われる。ではロールズの格差論はこうした日本の社会状況においていかなる意義を持ちうるものであるのか、この問題をこの章では検討する。

そして第4章と終章では、「労働をめぐる正義」について中心的に考察する。まず、ロールズが資本主義的福祉国家を超えるものとして構想している「財産所有の民主制」という国家システムにあっては、人びとの労働はどのような価値を有したものとなるのかを検討する。すなわち、資本主義的福祉国家(現在の日本社会)のシステム上の欠陥とロールズがみなしていることとは何であるのかを明らかにした上で、「財産所有の民主制」にあっては生産手段の私的所有の広範な分散(共産主義のような国有や共有ではない)が実現され、誰もが(自分の労働力だけではなく)一定の生産的資産を有した市民となることが保障されるが、こうした国家システムにあっては「働くこと」はいかなる(新たな)意義を帯びることになるのかを検討する。

この問いを考察するにあたって、「有意義な仕事」や「余暇」とは何であり、これらは社会的基本財と見なしうるものであるのか、「財産所有の民主制」にあっても労働中心主義社会となるのか、自尊や他者からの承認は仕事以外の活動からもたらされることの方が望ましいのか、ひとは(ベーシックインカム等によって)生活が保障されるならば働かなくなるのか(また働かなくなることは問題か)、といった問題にも論及する。

先取りして言えば、本書を通じての労働に対する私のスタンスは、労働は私たちの生にとってすべてではなく、労働によって人の価値が決められるということは拒絶するものの、しかしながら私たちにとって重要な活動であることは積極的に認めたい、というものである。労働を否定しながら、肯定する、そのようなことが成立するのだろうか。この問いが本書の基底通音となっている。

＊1 この「○金《まるきん》」、「○ビ《まるび》」というのは、イラストレーター渡辺和博が一九八四年に著した『金魂巻《キンコンカン》』の中で用いたことば。コピーライター、イラストレーター、ミュージシャンなどのいわゆる〝横文字職業〟の中の所得格差を戯画化したもの。同書はベストセラーとなり、一九八五年には井筒和幸監督により映画化もされた。

＊2 国税庁平成二四年分「民間給与実態統計調査」の「（第一四図）年齢階層別の平均給与」を参照（http://www.nta.go.jp/kohyo/tokei/kokuzeicho/minkan/top.htm）（二〇一四年三月三日閲覧）。女性においては二〇代、三〇代共に平均年収にさほど変化はない。

＊3 http://www.ipss.go.jp/ps-doukou/j/doukou14_s/doukou14_s.asp（二〇一四年三月一〇日閲覧）

＊4 厚生労働省「平成二三年社会保障を支える世代に関する意識調査報告書」（http://www.mhlw.go.jp/stf/houdou/2r98520000002gruv-att/2r98520000002gryz.pdf）（二〇一四年三月三日閲覧）

＊5 カール・マルクス、『ゴータ綱領批判』、三八ページ

＊6 デイヴィッド・ヒューム、『道徳原理の研究』、二〇ページ

＊7 小林正弥、『サンデルの政治哲学――〈正義〉とは何か』の「序」を参照。

＊8 Shea, C. "Michael Sandel Wants to Talk to You About Justice," *Chronicle of Higher Education*, September 28, 2009（https://chronicle.com/article/Michael-Sandel-Wants-to-Talk/48573/）（二〇一四年三月九日閲覧）

＊9 Makarchev, N. "Sandel Wins Enrollment Battle," *The Harvard Crimson*, September 26, 2007（http://www.thecrimson.

com/article/2007/9/26/sandel-wins-enrollment-battle-justice-triumphs/#)（二〇一四年三月九日閲覧）

＊10 http://justiceharvard.org/

＊11 厚生労働省「平成一七年　所得再分配調査」（https://www.e-stat.go.jp/SG1/estat/GL08020103.do?_toGL08020103_&listID=000001067027&disp=Other&requestSender=dsearch）（二〇一四年三月九日閲覧）

＊12 内閣府「平成二四年版自殺対策白書」（http://www8.cao.go.jp/jisatsutaisaku/whitepaper/w-2012/pdf/）（二〇一四年三月九日閲覧）

＊13 毎日新聞二〇一〇年九月一九日・東京朝刊「反射鏡：サンデル教授に触発された日韓反応の対照」

＊14 マイケル・サンデル「徳のある政治家は〝市民の議論〟から生まれる」（インタビュアー：大野和基）『月刊Voice』二〇一一年二月号

＊15 山田昌弘、『希望格差社会――「負け組」の絶望感が日本を引き裂く』、同『新平等社会――「希望格差」を超えて』を参照。

＊16 総務省「平成二四年就業構造基本調査」（http://www.stat.go.jp/data/shugyou/2012/）（二〇一四年三月三日閲覧）

＊17 総務省「労働力調査」（http://www.stat.go.jp/data/roudou/）（二〇一四年三月三日閲覧）

＊18 読売新聞二〇一三年六月一四日・東京朝刊の記事である「[論点]『まともな仕事』　労働時間まず適正化」（森岡孝二・寄稿）を参照。

＊19 国税庁平成二四年分「民間給与実態統計調査」の「(第一六表) 給与階級別給与所得者数・構成比」を参照。(http://www.nta.go.jp/kohyo/tokei/kokuzeicho/minkan/top.htm)（二〇一四年三月三日閲覧）

＊20 厚生労働省「被保護者調査（月別概要：平成二五年四月分概数）」（http://www.mhlw.go.jp/toukei/saikin/hw/hihogosya/m2013/dl/04-01.pdf）（二〇一四年三月三日閲覧）

＊21 毎日新聞二〇一三年三月五日・東京朝刊の記事である「就活自殺：どう防ぐ？　面接多く、学生疲弊　家族も大学も隠す傾向」を参照。

＊22 「ブラック企業」ということばは個人のブログ上で二〇〇〇年代の初め頃から使用されていたとのことだが、一般に知られるようになったのはネット掲示板「2ちゃんねる」の書き込みを基に二〇〇八年に書籍化され、映画にもなった『ブラック会社に勤めてるんだが、もう俺は限界かもしれない』（二〇〇九年　監督・佐藤祐市）によってであろう。

＊23 バートランド・ラッセル、「怠惰への讃歌」『怠惰への讃歌』、一六ページ

＊24 ラッセルは過度な労働には反対しているが、全く労働をしないことを肯定しているわけではない。ラッセルの意

図は、「普通の賃金労働者が、一日四時間働いたなら、すべての人に満足を与え、失業者もないだろう」という主張にある。こうした社会にあっては「科学的な好奇心を持っている人々はだれでも、そのおもむくままになれるだろうし、あらゆる画家は、どんなにその画が優秀であろうとも、飢える心配なしに描くことができよう。若い作家は、不朽の傑作を書くのに必要な経済的独立を得る考えで、きわもの的、儲け主義的な作品をでっち上げて、世人の注意を自分に引きつける心配もしなくてすむだろう。とにかくこんなことをしていると最後にその時が来た場合、傑作を愛好する気持ちも傑作を書く能力もなくしてしまうだろう。また自分の職業とする仕事で、経済とか政治の或る面に興味を持っている人々は、アカデミックな超然たる態度をとらないで、自分たちの思想を発展させることができるだろう。この態度があるからこそ、しばしば、大学の経済学者の研究が、実際のうらづけがないように思えるのである。医者には、医学の進歩を学ぶ時間があるだろうし、教師には、自分たちが若い時に学んだが、その後どう見ても真理でなくなったことをきまりきった方法で教えるために、腹立たしげにあせることもなくなるであろう」（「怠惰への讃歌」、三一ページ）と論じている。

第1章

ロールズ『正義論』の提示した問題の重要性とその背景

邦訳書では800ページを超える大著『正義論』を大きな枠組みで捉えるならば、
最大多数の最大幸福を唱導する「功利主義」への批判から始まり、
「社会契約説」の現代的再生をめざしたものといえるだろう。
本書は、ロールズが依拠したこの一連の思想的背景を
整理するところからスタートしたい。
続いて『正義論』が展開している理論をていねいにひも解いていく。
そこで提示される「原初状態」「無知のヴェール」「反照的均衡」といった
極めてユニークな概念装置の現代社会における有効性も検証してみたい。

1　功利主義と社会契約説の拮抗

功利主義へのロールズの批判的態度

ジョン・ロールズ（John Rawls　一九二一―二〇〇二）はメリーランド州ボルティモア市出身であり、第二次世界大戦では太平洋戦線に従軍し、フィリピン、日本を訪れている。プリンストン大学およびその大学院を卒業後、コーネル大学、マサチューセッツ工科大学（ＭＩＴ）を経て、一九六二年から一九九一年までハーバード大学教授を務めた。

著作は多作ではないが、本書の柱となってくる『正義論』（一九七一年、未邦訳、改訂版一九九九年〔邦訳二〇一〇年〕）に加え、『政治的リベラリズム』（一九九三年、ペーパーバック版一九九六年、拡張版二〇〇六年、未邦訳）、『万民の法』（一九九九年〔邦訳二〇〇六年〕）、『論文集』（一九九九年、未邦訳）が生前出版されている。

またハーバード大学での講義録も現在までに三冊出版されている（『公正としての正義 再説』（二〇〇一年〔邦訳二〇〇四年〕）、『道徳哲学史講義』（二〇〇〇年〔邦訳『ロールズ哲学史講義』二〇〇五年〕）、『政治哲学史講義』（二〇〇七年〔邦訳二〇一一年〕）。

加えてプリンストンの卒業論文（一九四二年）がロールズの教え子であるトマス・ネーゲルとジョシュア・コーエンの手によって近年出版された（『罪と信仰の意味についての手短な探求』二〇一〇年、未邦訳）。

ではロールズが生涯追い続けた唯一のテーマである「正義の理論」（ちなみに『正議論』の原題は*A Theory of Justice*、つまり『正義の一理論』というのがストレートな訳になる）とはどのようなものであるのだろうか。本章は『正議論』をじっくり読み解くところからスタートしたい。手始めに『正義論』の「序文」の一節をていねいに読んでみよう。この序文には『正義論』のエッセンスが簡潔にまとめられている。

おそらく本書のねらいは、次のように説明するといちばん分かりやすかろう。近代の道徳哲学の動向を概括してみるならば、そこで体系的な理論として優勢を誇ってきたのが何らかの形態での功利主義であったことが判明する。一連の非凡な著作家たちが、長期にわたりこの功利主義思想を擁護し続け、その射程を広げより洗練したため、実に優れた思想の一団が築き上げられてきたから、というのが理由のひとつに挙げられる。ヒューム、アダム・スミス、ベンサム、ミルといった偉大な功利主義者たちが、第一級の社会理論家・経済学者でもあったこと、したがって彼らが展開した道徳上の学説は当人たちの〔社会や経済にまで広がる〕広範な興味・関心を満足させるという必要性に応え、ひとつの包括的な理論枠組みに適合させるべく組み立てられたものだったということ。この事実を、私たちは時として忘れてしまう。彼らに対する論難も、きわめて狭い領域で言い立てられたものであることが多い。批判者たちは功利・効用の原理の曖昧さを摘出し、その含意が私たちの道徳感情と明らかに矛盾すると指摘してきた。しかしながら（私見によれば）彼らは、功利主義に対抗できる有効かつ体系的な道徳の考え方を構築できていない。その結果しばしば生じるのは、功利主義と直観主義のどちらか一方を選択せざるをえなくなるような事態である。たいていの場合、場あたり的なやり方で直観主義の制約条件のいくつかを功利・効用の原理に対する制限事項として書き込むだけの手直しで済ますのが関の山だろう。そうした見解が不合理であるとは言えない。これよりましな手がとれるという保証もないからである。だからといって、それ以外のやり方を試さないでよい理由にはならない。*1

ひとまずここで区切ってみよう。「序文」のこの部分でロールズが提示するのは、功利主義という理論の強さ、そしてロールズのそれに対する批判的立ち位置の宣言である。

功利主義とは、その名称どおり、行為や制度における正しさは結果として生じる効用の大きさによって評価されるとする考え方であり、資本主義をベースとする現代社会においては一定の理解と承認が得られている理論である。

功利主義は、アダム・スミスやデイヴィッド・ヒュームを先駆者にして、ジェレミー・ベンサム、ジョン・スチュアート・ミルに至るイギリス（イングランドとスコットランド）の哲学者たちによって発展してきた道徳理論である。では彼らは「正義」については、いったいどのような主張をしているのだろうか。

スミス、ヒュームからベンサム、ミルらの功利主義者の主張する正義とは

たんなる正義は、たいていのばあいに、消極的な徳にすぎず、われわれが、自分たちの隣人に害をあたえるのを妨げるだけである。人がかれの隣人たちの身柄や財産や評判のいずれかを、侵犯するのをひかえるだけなら、かれはまちがいなく、ほとんどなにも積極的な値打ちを持たない。しかしながらかれは、とくに正義とよばれるものの、すべての規則を充たしている［……］。われわれはしばしば、静座し、なにもしないでいることによって、正義の諸規則のすべてをみたしていることがあるであろう。*2

かれが一般に、公共の利益を促進することを意図するのでもなく、かれがどれだけそれを促進しているかをしりもしない、ということはたしかである。［……］かれは自己の安全を意図するにすぎないし、そしてその勤労を、それの生産物が最大の価値をもつようなやりかたで方向づけるにさいして、かれは自分自身のもうけを意図するにすぎないのであって、かれはこのばあいに、他のおおくのばあいと同様に、見えない手（an invisible hand）にみちびかれて、かれの意図のどこにもなかったひとつの目的〔公共の利益〕を、促進するようになるの

である。[*3]

まずアダム・スミスであるが、スミスが（真の意味で）功利主義者であったか否かについては諸説あるが、少なくとも彼が考える正義は引用にもあるように消極的なものであり、富の再分配を求めるものではないことは認めうる。

スミスにあって正義とは、他者の幸福や状況の改善に積極的に関わるものであるよりも、他者の財産を侵害しないという刑法的な意味合いのものであった。前述の引用の後半は、『国富論』からの引用だが、ここからも分かるように、個人は自分自身だけの安全や利得を求めて振舞っていても、見えざる手によって、公共の利益へと貢献しているのであり、とりわけて富の再分配を行う必要はないとスミスは考えている。法制度の強制による分配ではなく、あくまで市場での富の拡大を優先していくという考え方からすれば、スミスは功利主義の先駆者とも考えられるだろう。

次にアダム・スミスと同様、功利主義の先駆者と見なされているヒュームをみていく。

> 正義は人びとのコンヴェンション（Human Conventions）から発生し、人類の自発的選択、同意、または協力から生ずることが、ある人々によって主張されてきた。もしここで、コンヴェンションが約束（*promise*）（それがこの言葉の最も普通の意味である）を意味するとすれば、この見解ほど不合理なものはありえない。約束の遵守は、それ自体が正義の最も重要な部分の一

つである、そして我々は約束を守ることを約束したからといって、確実に約束を守るとは限らない。しかし、もしコンヴェンションが共通の利益の感覚（a sense of common interest）、すなわち各人が彼自身の胸中にその感覚を感じ、彼の仲間の中にもその感覚を認め、そして他の人々と協力して公共の効用・功利（public utility）に資する行為の一般的企画または体系に彼を導くものを意味するとすれば、この意味でなら、正義が人びとのコンヴェンションから生ずるということは承認されなければならない。*4

ヒュームにはアダム・スミスよりも明示的に、正義を（一般的）効用との関係において規定しており、また「共通の利益についての一般的感覚」を意味するものとしての「コンヴェンション」から生じるものであると論じている。

このような人びとの感覚に基づいた正義についての思考を明快に理論化し、功利主義の創始者といわれているのが、ベンサムである。

自然は人類を苦痛と快楽という、二人の主権者の支配の下においてきた。我々が何をしなければならないかということを指示し、また我々が何をするであろうかということを決定するのは、ただ苦痛と快楽だけである。一方においては善悪の基準が、他方においては原因と結果の連鎖が、この二つの王座につながれている。*5

> 最近では功利性の原理ということばに、最大幸福または至福の原理ということばがつけ加えられ、もしくはそのかわりに用いられている。それはその利益が問題となっているすべての人びとの最大幸福を、人間の行為の、すなわちあらゆる状況のもとにおける人間の行為と、特殊な場合には権力を行使する一人または一組の官史の行為の、唯一の正しく適切で、普遍的に望ましい目的であると主張する原理と長たらしく言う代わりに、短く言ったものである。[*6]

ベンサムは、一世代前の一八世紀の道徳哲学者フランシス・ハチソンらによって用いられてきた「最大多数の最大幸福原理」を功利の原理として蘇らせ、功利主義の第一原理とした哲学者である。

ベンサムの正義に関しての主張は明快である。彼にあっては、快楽が善、苦痛が悪であり、そしてすべての人びとの快を最大化することが正義、すなわち「唯一の正しく適切で、普遍的に望ましい目的」であり、「唯一の正しい行為の根拠」であると考えられている。

最後にJ・S・ミルであるが、快楽の質の違いを無視するベンサムの量的な功利主義とは異なり、質的な功利主義を支持していることを特徴としている。単純で加算的なものから一歩深めた思想と言えるだろう。[*7]

> 正義はあくまでも次のようなある社会的功利をあらわす適切な名称である。つまり、（場

合によってはそうでないこともあるが）種類としては他のどのような功利よりも格段に重要で、だからこそ、さらに絶対的に命令的な功利である。*8

二つの快楽のうち、両方を経験した人の全部またはほぼ全部、道徳的義務感と関係なく決然と選ぶ方が、より望ましい快楽である。両方をよく知っている人びとが二つの快楽の一方をはるかに高く評価して、他方より大きい不満が伴うことを承知のうえでえらび、他方の快楽を味わえるかぎりたっぷり与えられても元の快楽を捨てようとしなければ、選ばれた快楽の享受が質的に優れていて量を圧倒しているため、比較するとき量をほとんど問題にしなくてよいと考えて差し支えない。*9

ロールズは功利主義の何を批判したのか

このような功利主義に関して、ロールズがいちばん問題視していたのは何だろうか。ここでは、それを三点に整理してみたい。

まず第一に「快が善であり、善の最大化が正義」という一義的な仕方での善と正義の定義にある。ロールズの正義論は「善に対する正の優先権」の立場を支持している。これは正と善は独立の基準を有しており、善の最大化が正になるという単純な考えではなく、むしろ「正が、何が（道徳的な）善であるのかを制約する」という立場である。

たとえば、もし奴隷制度（もしくは女性差別、人種差別など）がある方が「最大多数の最大幸福」が実現されるとするならば、そのような制度も正しいとされるのだろうか。また、どのような快楽も善であるといえるのだろうか。つまり、我々の常識的な正義の感覚に反する快（たとえば人種差別主義者あるいはサディストが経験する快楽）も善であるといえるのか、という問題提起をロールズは行なっている。そのためにロールズは、善とは独立した基準を有した正（正義）が善そのものを制約する必要がある、という立場を支持するのである。

第二に、功利原理は個人の別個独立性を真摯に考慮していないという点をロールズは批判している。それは二つの点から指摘できる。一つは個人的選択原理と社会の統制原理との区別を無視しているという点。その結果、個人の選択原理としては理に適っているが、社会の統制原理としては不合理である結果を功利主義は導いていくこともある。

そしてもう一つは、不偏性と非人格性を取り違えているという点。このことによって、功利的な思考は不偏性を体現しているというよりも、個々の人格における違い——各人がそれぞれの異なる人生を歩んでいるということ——を無視することになってしまっている。

その結果、以下のような問題が生じてくる。

確かに個人の行為の選択原理として考えたときには「未来の大きな快のために、現在の苦痛を受け入れる」という原理は正しいが、これが社会全体に拡大適用され、「多数の人びとの快のために少数の不遇な人びとに苦痛を強いる」という原理は正しいと言えるのだろうか。たとえば、もし不遇な人びとの所得をさらに少なくすることが、その他のより多くの人びと（既に恵まれている人びとも含む）が享受する快の増大を導くならば、「最大多数の最大幸福」を目指す功利主義はそうした政策を支持することになるが、これは本当に正しい措置であるのかとロールズは疑問を呈している。社会全体の快の増大という観点に立つ功利主義は、そうした措置によって犠牲を被ることになる個々の人びとの生活や状況に対して無関心である。それゆえ功利主義は不偏的な道徳理論というよりは、個々の人びとを独立した人格（それぞれが独自の人生を送っている個人）とみなしておらず、単に快の容器とみなしている理論なのである。

そしてその帰結として、第三に、原初状態にあって自由で平等な理性的存在者は社会を統制する正義原理として「功利原理」ではなく、「正義の二原理」の方を選択するとロールズは主張していくことになる。（この詳細は本章第二節で詳述する）

功利主義にあっては、すでに社会の底辺において暮らしている人びとの利益を更に侵害することが裕福な人びとに更なる利益をもたらす、あるいは社会的少数派（マイノリティ）の人びとの政治的自由あるいは機会を制限する政策が社会的多数派（マジョリティ）の人びとの利益にかなうということがあり、結果として最大多数の最大幸福をもたらすならば、そうした政策を支持することになるが、ロールズの正義の二原理にあっては、そうした事態（社会的弱者の利益や自由の侵害）が生じるとすれば、そうした政策は認められない。もし社会においてどのような地位（富裕層か貧困層か、マジョリティであるのか、マイノリティであるのか）に就くことが分からないとすれば、私たちは――もし十全に理性的であるならば――功利原理を選択するであろうか、と私たちにロールズは問いかけている。すなわち功利主義にあっては私たちの生の偶然性（どのような社会的地位に生まれ落ちるのか）の影響を緩和するどころか、それを強化する恐れがあり、また功利主義が基礎的な正義原理として採用されている社会にあっては、人びと（とりわけ功利原理によって社会全体の利益のために犠牲となる人びと）は自尊の基礎を持ちえないという点に、ロールズの批判の矛先が向けられているのである。

社会契約説の再生を目指す

前項で検討した功利主義に対抗できる道徳理論としてロールズが注目するのが「社会契約説」である。『正義論』の序文に戻る。ロールズは以下のように続けていく。

ロック、ルソー、カントに代表される社会契約の伝統的理論を一般化し、抽象化の程度を高めること、私が企ててきたのはこれである。そうすることで、契約説の息の根をとめるものとしばしば考えられてきた明白な異論の余地がもはやなくなるところまで、理論を拡充できればと願っている。それどころか、有力で支配的な伝統をなしてきた功利主義よりも優れている（と私は主張する）正義に関する体系的な説明の代替案を、この理論が提供するだろう。結果としてもたらされる理論は、実際きわめてカント的なものとなった。もっとはっきり言うなら、私が提唱する見解に独創性がないことを認めねばならない。本書を主導する諸理念は古典的で周知のものだからである。一定の単純化の仕掛けを用いてそれらの理念を一般的な枠組みへとまとめ上げ、その射程と影響力を十全に捉えることを可能にする作業を、私は意図してきた。契約説の伝統に伏在しており〔功利主義に〕取って代わりうる正義観の構造的諸特徴の最重要部分を読者がはっきり理解できるようになり、その正義観をいっそう精微化しうる理路を本書が指し示すことができるなら、著者である私の野心は余すところなく実現されるだろう。伝統的な正義観は複数あるが、この〔功利主義に取って代わるべき〕正義の構想こそが、正義／不正義を見分ける私たちのしっかりした判断にいちばん近似しており、デモクラシーの〔精神と制度を兼備した〕社会の道徳的基盤として最もふさわしいものとなる。私はそう考えている。*10

この「序文」の一節から読み取れるのは、近代社会の成立以降、常に支配的な政治・道徳理論であり続けてきた〔最大多数の最大幸福を唱導する〕「功利主義」を批判し、その功利主義に対抗しうる理論として私たちの熟考された道徳的判断と適合している理論であるとロールズが見なしている「社会契約説」の現代的な再生を目指すこと、それこそが『正義論』におけるロールズの目的であるという明快な宣言である。

この思想は、トマス・ホッブズ、ジョン・ロック、そしてジャン＝ジャック・ルソーに端を発するが、簡潔に言い表すのであれば、正当な法的・政治的権力の根拠を人びとの間の「契約」に求める道徳・政治思想である。通常、契約というものは権利や義務を成立させる行為であるが、社会契約説においてはより広い概念を含んでおり、「政治社会」を市民と主権者との間で、あるいは市民相互の間で契約が結ばれたことによって形成されたものと見なし、この契約こそが市民と主権者、あるいは市民と政府との間の権利・義務の関係を正当化すると論じることが目指されている。

ロールズは、自らが支持する社会契約説としてロック、ルソー、そしてイマニエル・カントという三人の哲学者が主張した見解を挙げているが、この三者の思想とホッブスのそれとの間には、根本的な違いがある。

ホッブズが考える社会契約は前者、つまり市民と主権者との間の契約であり、ロック、ルソー、そしてカントのそれは後者、市民間での契約である。

まず、ホッブズは主著『リヴァイアサン』でこのように述べている。

以上によって明らかなことは、自分たちすべてを畏怖させるような共通の権力がないあいだは、人間は戦争と呼ばれる状態、各人の各人に対する戦争状態にある。なぜなら《戦争》とは、闘争つまり戦闘行為だけではない。闘争によって争おうとする意志が十分に示されていさえすれば、そのあいだは戦争である。*11

このような各人の各人に対する戦争からは、何ごとも不正でないということが当然帰結される。正邪とか正義不正義の観念はそこには存在しない。共通の権力が存在しないところに法はなく、法が存在しないところには不正はない。力と欺瞞は戦争における二つの主要な美徳である。正義と不正義とは肉体と精神のいずれの機能でもない。もしそうであれば、それらは感覚や情念と同じように世界にただひとりでいる人間の中にも存在するであろう。それらは孤独のなかではなく社会のなかにある人間の性質である。*12

ロックは『統治二論』からの言葉を挙げる。

すでに述べたように、人間はすべて、生来的に自由で平等で独立した存在であるから、誰も、自分自身の同意なしに、この状態を脱して、他者のもつ政治権力に服することはできない。従って、人々が、自分の自然の自由を放棄して、政治社会の拘束の下に身を置く唯一の方法は、他人と合意して、自分の固有権〔所有権〕と、共同体に属さない人に対するより大きな保障とを安全に享受することを通じて互いに快適で安全で平和な生活を送るために、一つの共同体に加入し結合することに求められる。この合意は、どれだけの人数の人間によってもなされることがゆるされるであろう。彼らは、それによって、自然状態の自由のうちにとどまる他の人間の自由を侵害することはないからである。こうして、どれだけの数の人間であろうと、人びとが一つの共同体あるいは政治体を作ることに同意した場合、彼らは、それによって直ちに結合して一つの政治体をなすことになり、しかも、そこでは、多数派が決定し、それ以外の人びとを拘束する権利をもつのである。[*13]

ルソーも主著である『社会契約論』からの言葉を挙げる。

「どうすれば共同の力のすべてをもって、それぞれの成員の人格と財産を守り、保護できる結合の形式を見いだすことができるだろうか。この結合において、各人はすべての人々と結びつきながら、しかも自分にしか服従せず、それ以前と同じように自由でありつづけることができなければならない。」これが根本的な問題であり、これを解決するのが社会契約である。[*14]

［……］社会契約から本質的でない要素をとりのぞくと、次のように表現することができることがわかる。「われわれ各人は、われわれのすべての人格とすべての力を、一般意志の最高の指導のもとに委ねる。われわれ全員が、それぞれの成員を、全体の不可分な一部としてうけとるものである。[*15]」

社会契約説に特徴的なのは、こうした契約が行われる以前の状態を「自然状態（state of nature）」として想定する点である。

この状態を、ホッブズは、人々が自然権（自己保存権）を自由に行使できる「各人に対する各人の戦争」の状態と考え、ロックは、自然権（生命・自由・財産の所有権）のみならずそれを保全する自然法が支配している状態として描き、ルソーは、人類にとって平和で理想的な状態であるが脆弱であると論じている。自然状態に関するこのような観念の違いによって、契約により政治社会を成立させる理由も異なっている。

ホッブズにあっては、そうした戦争状態から抜け出すために、市民は自然権を主権者に移譲し、自らの統治を主権者に委ねる。ロックにおいては、所有権に対する侵害を裁定するルールや公平な裁判を成立させるために、市民は自然権の内の処罰権のみを放棄し、政府を形成する。そしてルソーは、自然状態に戻ることは、もはやできないので、現在の市民の間での不平等状態を解消するために、全体の共通利益を求める一般意志に基づいて社会を作り出す必要を述べている。

ホッブズとロック、ルソーの大きな違いは、統治者を他者にするか、自分（たち）にするかという部分だろう。ロックの「自分自身の同意なしに」、ルソーの「自分にしか服従せず」という一節の強さが、それを物語る。

そしてルソーの唱える「一般意志」は、ロールズ理論の構想の中でも重要な位置づけを持ってくるので、次節で再検討していく。

カントの社会契約はロックやルソーが唱導する人びとの自由や平等、そして同意と自己立法（自律）に基づく社会契約を発展させたものであり、「根源的契約」と名付けられている。それは、社会契約を歴史的な事実ではなく「理念」として捉えているところに特徴がある。[*16]

> 人民が自分で自分を一国家へと構成する行為は、根源的契約である。ただし本来それは、国家の理念、つまり国家の正当性を考えるときに唯一従うことができる理念にすぎない。この契約に従って、人民に属するすべての人（omnes et singuli 万人と一人一人）が、一公共体の成員として、つまり国家をなす人民の（universi 全体の）成員として、自分たちの外的自由を、すぐに再び受け取るために放棄する。その際、国家に属する人間は、自分の生得の外的自由の一部だけを特定の目的のために犠牲にした、と言うことはできない。この人は、未開で無法則な自由をそっくり放棄することによって、およそ自分の自由というものを、ある法則に服従することにおいて、つまり法の支配する状態において、減らされることなく再び見いだす。というのは、こうした法則への従属は、立法を行う自分自身の意志から生じるものにほかならないからである。[*17]

すなわちカントは、自由で平等な人びと全てが同意できるであろうと思われる国家体制のみが正当化可能な体制であり、「現存する国家体制が根源的契約の理念に十分に合致しえないときには」、主権者におけるその改革の可能性まで論じている。*18

この社会契約論を唱えた四人のうち、ロックとルソー、そしてカントという三人の哲学者が主張した見解を、ロールズは自らが支持する社会契約の伝統的理論として挙げており、ホッブズの社会契約説はそれから除外している。その理由は自然状態や人間観について相違がホッブズと他の三者との間にあると考えていたためである。

2 ロールズ「正義論」の誕生へ

ロールズの規定する正義の構想

では、ロールズはどのような論理構成を経て「社会契約説」の再生と功利主義への批判を試みているのだろうか。以下ではロールズの哲学的概念の整理を行っていく。

まずロールズの哲学的立場であるが、政治哲学にあっては「リベラリズム」を擁護し、規範倫理学にあっては「契約論」の再興を試みている。

規範倫理学とは、あまりなじみの無い言葉かもしれない。倫理学という学問分野には二つの層があり、問う対象、つまり規範自体を考察をする「規範倫理学」と、その規範をどのような姿勢で受け入れているのかを考察する「メタ倫理学」がある。つまり、ロールズは、規範倫理学にあって

「契約論」を支持しているというのは、正義論を構成している規範は契約説に基づいているということだ。しかし、ここで注意しておきたいのはこうした彼の政治哲学・規範倫理学の背景として重要なのは、もうひとつのメタ倫理学的立場における「構成主義」の支持である。[19]

構成主義を理解するために、この構成主義と対峙する概念として実在論と非実在論というものから説明したい。実在論とは「道徳的事実は存在する。我々の善悪の判断はその事実を指示している」という立場であり、非実在論（非認知主義）とは「道徳的事実は存在しない。善悪の判断は私たちの好悪の感情の表出に過ぎない」という立場である。[20]

それに対して構成主義とは実在論・非実在論を共に否定する立場であり、「道徳的事実（善悪、正不正）は私たちの理にかなった合意から構成され、私たちの道徳的判断はそうした事実を指示している」ことを主張している。つまり、「道徳的事実などはない」ということではなく（非実在論の否定）、道徳事実は存在するが、それは「私たちが作り出す」ものだという点にある（実在論の否定）。つまり、非実在論、実在論を共に否定しているわけである。

とりわけロールズにあっては、善とは「その対象において欲することが合理的であるもの」であり、正（正義）とは「自由で平等な、そして理性的な人たち――すなわち、原初状態における当事者たち――が合意・選択した事柄と合致していること」と規定されている。

「善」の不変の意義は、それがいくつかの段階をもって定義されるという特徴づけを有している。したがって、あるものが善であるとは、それが、その種の事物に関して欲することが合理的である特性を備えている、ということであり、これにさらなる詳述が事例に応じて加えられる。この定義に照らすならば、評価基準は事物の種類に応じて異なるという事実を説明するのは難しくない。[*21]

直観的な考えはこういうものになる——あるものごとを正しいとする概念は、〈原初状態においてそれと同種類のことがらに通用されると承認されるであろう諸原理と、当のものごとが合致している〉という概念と同じである、もしくは（より好ましいのは）後者の概念へと置き換え可能である、と。この正の概念は、道徳の文脈で通常使われる「正しい」という用語の意味の分析を提供するものだとは解釈されていない。またこの概念は、伝統的な意味における正（正しさ）の概念を分析したものを指してもいない。むしろ、〈公正としての正しさ〉（rightness as fairness）というかなり幅のある観念が存在し、これが既存の諸構想に取って代わるひとつの考え方となるものだと理解したほうがよい。[*22]

ここでロールズの定義する「正義」の大きな特徴が、述べられてくる。正義というものは、何か厳然たる事実として既に存在しているものではなく、複数の合理的な人間の合意の下から立ち上がってくるものだということだ。

そこで、こんな疑問がわいてくるかもしれない。①ロールズの「正義」とは、不変ではない。つまり、合意する人間たちが置かれている環境によって、状況によって常に変わるものなのか。②「複数の合理的な人間の合意」という言葉から想起させられる（ルソーの唱える）一般意志との類似性はあるのか。

まず①の問いに関してだが、ロールズ自身は以下のよう述べている。

> 右のような〔宗教や神学を持ち出す〕考えとは反対に、当事者たちが正義構想を採択するにあたって、社会の一般的な事実に関する知識によって彼らは導かれるものだ、と本書は一貫して想定してきた。それゆえ、制度は固定されておらず、むしろ時とともに変化するものであって、自然環境および社会集団の活動と相互の衝突が諸制度を変えていくとの推定を、当事者たちはあたり前のことのように下している。〔……〕従来の信念が変化するにつれて、合理的に受け入れられそうな正義の原理も同様に変化する可能性があることを、認めなければならない。*23

ロールズが構想する正義（原理）とは、合理的な存在者が社会の一般的な事実に基づいて判断するものであり、それゆえ合理的な存在者が置かれている社会情況が変化し、社会の一般的な事実と見なされていることも変化するならば、彼らによって選択される正義（原理）も変化することになることをロールズは認めている。

それゆえロールズは〈不変の、真なる〉正義構想を打ち立てようとしているのではなく、私たちが現在置かれている社会環境や自然環境にあっては〈最も理に適っている〉正義構想を実現することを試みているのである。

次に②の問いであるが、ロールズはルソーの一般意志を次のように解釈している。

たしかに一般意志は、社会の構成員を何らかの仕方で超越するような全体の意志ではない、ということに注意しましょう。それはたとえば、全体としての社会それ自体の意志ではありません。一般意志をもつのは個々の市民です。すなわち各人は、熟議的理性の能力をもっており、それによって共同の保護と一般の福祉、すなわち共通善に必要という点で共通の利益を最も増進すると彼らがそれぞれ考えるものにもとづいてなすべきこと――たとえば投票の仕方――を適切な機会に決定するように導かれます。言い換えれば、一般意志とは、市民が共通善の構想を共有することで他のすべての市民とともに共有する熟議的理性の一形式です。[*24]

引用内にある「熟議的理性」とは"deliberative reason"の訳語であり、ルソーにあっては「意志 Volonté」と名付けられていることを、ロールズは理性的な能力であると解釈している。一歩進んだ、かなり具体性を持った解釈だといえるだろう。

そしてロールズは一般意志と正義との関係について、「一般意志が生み出す正義の理念は、私たち一人ひとりが私たち自身を優先すること、したがって人間本性それ自体から生じてくる」が「この自己優先が正義の理念を生み出すのは、それが一般意志の観点から表明されるときだけだ」[*25]と論じている。この「一般意志の観点」とは「社会の絆を生み出す共通の利益をどの根本法が最も増進させるかに関して、私たちが自分の意見に従って投票するときに取るべき観点」であるとロールズは説明しているが、[*26]これが意味するのは、市民は人間本性上、私利を追求する存在であるが、しかしながらこの追求は熟議的な理性の観点から制約を受けるものであり、そうでなければ、不正義と権利の侵害を引き起こすことになる、ということである。

すなわちルソーにあって、正義とは理性的な概念であり、自己利益の追求を制約するものであり、その制限を司るものが「一般意志」であるとロールズは解釈している。このような「一般意志」による制約は、ロールズの論理構成にあっては「無知のヴェール」という概念装置によって実現されているのである（「無知のヴェール」については後ほど詳説する）。

「正義の原理」を構成する概念装置群

このようにロールズはそれぞれ異なる基準を用いることで、善と正（正義）の定義を分けている。こうした構成主義的方法論を背景に、独特な概念装置群を生み出した。[*27]ここからは、その概念装置群を、ひとつひとつ考えていきたい。

取り上げていくのは「原初状態」、「無知のヴェール」、「社会的基本財」、「秩序だった社会」、「正義の二原理」などであるが、これらが、彼の論理構成の中でどのような配置を取っているのかを最初に提示したい。

まず正義の原理の考察における、いわば前提部分の条件として「原初状態」、「無知のヴェール」を設定している。

ロールズは、私たちが正義の原理を考察する際には「原初状態」に置かれている自由で平等な、そして理性的でもある当事者として、正義の原理を選択していると考えるべきであり、また適切な原理選択について思考するためには「無知のヴェール」という利用可能な情報に対する制約が必要となるとしている。

次に、正義の原理の選択にあたっての道具立てとして「社会的基本財」、選択の到達点での「正義の二原理」、この正義の二原理が実現された社会である「秩序だった社会」を設定している。

これらの装置群が実際に社会に活用されていくイメージは以下のようになる。

自由と機会、所得と富、自尊の社会的諸基礎といった「社会的基本財」を、正義の二原理、功利主義原理、卓越原理、直観主義原理といった様々な形の正義原理は、どのような仕方で分配するのか、という観点から比較考量が行われる。その結果「原初状態」に置かれている当事者は、「正義の二原理」を選択する。そして、この正義の二原理が実現されている「秩序だった社会」は、功利主義を第一原理としている社会よりも私たちにとって――自由や平等、そして最低限の生活の保障

（ソーシャル・ミニマム）という観点からしても――望ましい社会である。これがロールズの描いた正議論の理想的なロード・マップだ。では、その概念装置の詳細を見ていく。

仮説的状況としての「原初状態」

「原初状態」とは、自由で平等な、理性的な人びとからなる状況であり、複数の正義の原理間での比較考量を私たちが理に適った仕方で行うための概念装置であるが、いわばこれはロックやルソー、そしてカントが措定した「自然状態」の現代版といえるだろう。ロールズは以下の様に説明している。

〈公正としての正義〉において、伝統的な社会契約説における〈自然状態〉に対応するものが、平等な〈原初状態〉(original position) である。言うまでもなく、この原初状態は、実際の歴史上の事態とか、ましてや文化の原始的な状態とかとして考案されたものではない。ひとつの正義の構想にたどり着くべく特徴づけられた、純粋に仮説的な状況だと了解されている。[*28]

「原初状態」の検討の際に、注意すべきなのはこの「仮説的」という言い回しだろう。それぞれ後に言及される「合理的な存在者」、「当事者たちは平等・対等である」「人間存在がすべて平等である」、これらはすべて仮説的だという前提で読み進めてほしい。

ここで道徳的人格というのは、自分自身の諸目的を有し、かつ（さらなる想定として）正義の感覚を発揮できる合理的な存在者のことである。[*29]

原初状態の当事者たちは平等・対等であると仮定するのが理にかなうだろう。すなわち、諸原理を選択する手続きにおいて、全員が同一の権利を有している。各人は提言を行ない、それが受理される理由を提示しうる、など〔といった権利を持つ〕。もちろん、こうした条件の趣旨は、道徳的人格（おのれの善の構想を抱き、正義の感覚を発揮することができる被造物）としての人間存在がすべて平等であることを示すところにある。[*30]

この「原初状態」を特徴付けるのが次の「無知のヴェール」という大胆な発想だ。

社会的判断への曇りを一掃する「無知のヴェール」

この「原初状態」の重要な構成要素である「無知のヴェール」とは、自分に有利なる正義原理を選択することを不可能にするための情報上の制約であり、ロールズは「原初状態」の本質的な特徴であると規定している。

この状況〔原初状態〕の本質的特徴のひとつに、誰も社会における自分の境遇、階級上の地位や社会的身分について知らないばかりでなく、もって生まれた資産や能力、知性、体力その他の分配・分布においてどれほどの運・不運をこうむっているかについても知っていないというものがある。さらに、契約当事者たち（parties）は各人の善の構想やおのおのに特有の心理的な性向も知らない、という前提も加えよう。*31

正義の原理を考察する上で前提となるこの「原初状態」と「無知のヴェール」が、特に現代社会においてリアリティを持つかというと大いに疑問かもしれない（実際、ロールズも仮説的だと述べている）。では、ロールズの正義の原理は、リアリティを欠く砂上の楼閣なのだろうか。特に、グローバル化された情報化社会の中で、知識・情報が力を持つ――それゆえ知識・情報量に応じた利益がその所有者には与えられるべきだ――という発想は、一つの社会常識になっているのではないだろうか。そこで、これらに背を向けるような、ロールズの「原初状態」、「無知のヴェール」がなぜ正義の原理を探求するにあたって必要なのだろうか。

まず初めに押さえておかなければならないのは、「無知のヴェール」によって制約を受ける情報とは自分自身のことについての情報であり、人間社会に関する一般的事実――政治上のことがらや経済理論の原理、社会組織の基礎や人間心理の法則――については、上述したように、「原初状態」の当事者たちは熟知している点である。*32 こうした情報が排除されてしまうならば、正義原理間の比較考量を行うための土台が存在しないことになってしまうであろう。

正義原理の選択にあたって、自分自身に関する情報だけを制約する理由は、原初状態における当事者たちの討議を、純粋に道徳的な討議とするためである。道徳的とは、何が本当に正しい原理であるのかについて、当事者たちが私利への配慮によって判断が曇らされることなく考察するということである。そのためには、そうした自分自身に関係してくる情報の制約が必要とされるのだ。「何かを知っている」ではなく、「何かを知らない」ことの方が道徳的に正しい判断（不偏的な判断）を導くことができることをロールズはこの「無知のヴェール」によって示唆している。

たとえば、生活保護制度や保育制度、東日本大震災からの復興支援という、当事者の置かれている状況に大きな差が生じている問題を考察する際には、「自分のこと（だけ）について知らない」という姿勢で臨まなければ適切な判断をすることができないであろう。自分のことについて知っていると、判断に傾きが生じてくる。

たとえば、「自分は正社員であり、十分な給料を受給しているので、生活保護費の削減について自分は関係がない」、「自分の子供は運良く認可保育園に既に入園できているので、待機児童問題は自分には関係がない」、「自分は被災者でないので、復興支援は自分には関係のないことだ」という判断の中の「〜ので」の前部分が、「無知のヴェール」で隠されていたら、「自分のことについて知らない」としたら、いったいどのような判断を下していくのだろうか。「自分のこと」が、いかに、こうした社会的な問題について真摯に取り組むこと、そして適切な判断を下すことの妨げになるかがわかるだろう。

むしろ、自分について、そして自分の将来について「知らない」ことの方が私たちを他者と強く結び付け、他者の問題を自分の問題として受け取ることを可能にするのではないだろうか。もしかしたら自分は生活保護受給者であるかもしれない、自分の子供は入園できていないかもしれない、被災者であるかもしれないといった可能世界（その他の事実はすべて同一であるが、この点についてだけ異なる世界）を考えてみた場合、他者——同じ社会の一員ではあるが、自分とは無関係な人びと——の問題であると思われていたことを自分のこととして、ヴィヴィッドに思い描くことを、「無知のヴェール」は可能にするのである。

そして正義の原理間の選択問題という、私たちの社会の後ろ盾となる諸制度（社会の基礎を構成している社会・法・経済的諸制度）を統制する最も重要な規範について考察する際には、とりわけこうした「自分のことについて知らない」という姿勢が要求される。

「社会的基本財」を公正に分配することこそが「正義論」の目的

ロールズの行論によれば、ここまで述べてきた「原初状態」、「無知のヴェール」の下で正義の原理が当事者たちによって選択されるのだが、その正義の原理の目的は、「社会的基本財」の公正な分配である。

基本財は〈合理的な人間が他に何を欲していようとも、必ず欲するだろうと想定されるもの〉である。個人の合理的な〔人生〕計画の詳細がどのようなものであるかに関わりなく、その持分が少ないよりも多いほうを選好されるものがいくつか存在すると想定される。そうした財をより多く持つ人間は、自らの意図を実行したり自らの諸目的を促進したりする上で、通常より大きな成功を保証されうるだろう。社会的基本財を大別すると、権利、自由、機会、所得および富となる〔……〕。*33

すなわち、どのような目的（善の構想、人生計画）や価値観を持つ者であっても人生を送る上で欲することが合理的であるといえる財が、人びとに公正に分配されなければならない。またこの社会的基本財の指標（どれほどそうした財を有しているのか）によって、人びとの暮らし向きの善さの評価がなされる。これがロールズの正義の原理におけるひとつの結論とも言えるだろう。

そしてこれ以外に、重要な基本財として自尊（自分自身には価値があるという感覚）の基礎をロールズは挙げている。

私たちは自尊（もしくは自己肯定感 self-esteem）を二つの側面を有するものとして定義することができよう。第一に、以前強調したように（第二九節）、自尊は自分自身に価値があるという感覚を含んでいる。すなわち、自分の善についての構想、つまりおのれの人生計画は、遂行するに値するという揺るぎない確信を自尊は含んでいる。そして第二に、自分の能力の範囲内にある限り、おのれの意図が実現できるという自己の才能に対する信頼を、自尊は合意している。[*34]

さあ、これで、ロールズの正義の原理を実現させていくための概念装置「原初状態」、「無知のヴェール」、「社会的基本財」が出揃った。

現実社会の中での「正義の原理」の実践に伴う困難

ここで、「原初状態」、「無知のヴェール」、そして「社会的基本財」という三つの概念装置を用いた思考実験をしてみたい。これらは社会の後ろ盾となる諸制度（社会の基礎を構成している社会・法・経済的諸制度）を統制する正義原理を選択するための概念装置である。それゆえこの正義原理の選択という場面以外のための概念装置としてこれらを用いることはロールズの意図に反することになるかもしれない。しかしながらこの三つの概念装置を用いた思考実験を読者にとってより身近なものとするために、場面設定として就職における「個人と企業の労働契約」の場を考えてみたい。

「原初状態」にあっては、判断をすべき自分が経営者であるのか、新入社員であるのか、それとも管理職であるのか分からず、また自分が男性であるのか女性であるのか、体力に自信があるのか病弱なのかも分からない、という状況にあると想定してみることになる。そこでは誰もが善の構想

（人生計画、ライフプラン）を持っているということだけは分かっている。たとえば、仕事より趣味を充実させたい、子供を三人くらい持ちたい、バリバリ働いて所得を増やしたい等だが、具体的な内容は、判断すべき自分にはやはり分からない。こうした「具体事例が本人には分からない」ということが非現実的であると思われるかもしれないが、この思考実験で意図しているのは、現実的社会の中で抱えている様々な条件を一度切り離して、個人的な事情を一度「棚上げ」して、物事の決定の場に臨んでみたならば、ということである。

こうした状況にあって、権利、自由、機会、所得、そして自尊の社会的基礎といった「社会的基本財」を、すべての労働者に公正かつ十分に確保することが可能であるためには、どのような労働条件（労働契約）が望ましいといえるだろうか。

もし自分が経営者であると分かっているならば、従業員を使い捨てにしてでも、最大限の利益が上がるような労働条件を設定したいと思うかもしれない。また自分が新入社員であると分かっているならば、正社員であること、そして終身雇用や年功序列の復活を望むかもしれない。また自分の能力が高いとわかっているならば、能力給を求め、よりよい給料を求めることができるような雇用の柔軟性・流動性を欲するかもしれない。また男性であり、体力に自信があることが分かっているならば、育児休暇や病気欠勤等の制度を不要なものと見なすかもしれない。

しかしながらこうした「自分についての情報」はすべて「無知のヴェール」によって閉ざされているために、自分にとって都合の良い労働条件（労働契約）を要求することはできないとしたら、判断者である自分は、働く人誰にとっても望ましい、公正であると言える条件を人びとは選択することになるであろう。

ロールズによる正義についての考察は――彼が認めているように――純粋に仮説的な思考に基づくものである。それゆえそうした考察を現実社会で実践していこうとするときには、いくつもの困難が伴う。そこでのそうした困難を解消するためのひとつのアイデアとして、自らの当事者としての立場をいかに棚上げするか、「自分のことを知らない」ものと考えられるか、ということをここで提案してみたい。

正義の原理を強靭なものにする「反照的均衡」

こうした「原初状態」をベースに、正義の原理を、より適切なものにする上で重要となる方法論として「反照的均衡」がある。これは我々の直観、原理、背景理論を整合化することによって、正義の原理を、誰にとっても正当なものとするための方法論である。

初期状態の最も推奨される記述を探り当てるにあたって、私たちは〔原理と確信という〕両端から取り組みを開始する。その状態が一般的に共有でき、なるべく弱い条件を表すように記述するところからはじめる。それから、こうした条件が有効な原理の組み合わせを生み出すほどじゅうぶんに強力なものであるかどうかを確かめる。じゅうぶんでなかった場合、私たちは同様に理にかなっているさらなる前提〔=条件〕を探す。逆にじゅうぶんであって、しかもたらされた原理が〈正義に関する私たちのしっかりした確信〉と合致する場合、そこまでは結構である。だがおそらく原理と確信との間に食い違いが生じるだろう。その場合に私たちはひとつの選択を行なう。初期状態の説明のほうを修正するか、それとも現在の判断のほうを見直すかのどちらかの選択肢が選べる。というのは、暫定的な定点として採用した判断であろうとも、修正を免れないからである。ある場合は契約の情況に関する条件を変更し、別の場合は私たちの判断を取り下げてそれらを諸原理に従わせるといったような仕方で、行ったり来たりを繰り返すことを通じて、ついに初期状態の記述のひとつ——理にかなった条件を表すとともに、じゅうぶん簡潔にされ訂正された私たちのしっかりした判断と合致する原理を生み出してくれるものを見出すだろう。この事態を〈反照的均衡〉と呼ぶことにする。最終的に私たちの原理と判断とが適合し合っているから〈均衡〉なのであり、どのような原理に判断を従わせたのか、および原理を導き出した前提が何か〔という判断・原理・前提の相互の照らし合わせの過程〕を知っているのだから〈反照的〉と名づけられる。*35

「反照的均衡」とは「原初状態」で選択された正義の原理が、社会についての背景的知識〔正義の問題に関連する歴史学、社会科学の知識〕を踏まえたうえで、正義についての私たちのしっかりした判断〔熟考された判断〕と合致しているかどうかを確かめるための推論である。重要なのは「だがおそらく原理と確信との間に食い違いが生じるだろう」とロールズも述べているように、時間経過、また状況変化により、選択された定点は変化してくるという認識だろう。それらを、常に出発点と到達点（原理と確信）の照らし合わせから検討、判断修正していくという批判的な態度こそ、正義の原理をより強靭なものとするといえるのではないだろうか。

この「反照的均衡」を上述の労働契約の例を再度用いて説明すると、「原初状態」において人びとによって労働条件が同意され、確定されたとする。しかし、必要なのはその確定された条件が、望ましい労働についての私たちのしっかりした判断（熟考された判断）と常に合致しているかどうかを確かめるための継続的な推論であり、社会ついての背景的知識（労働の問題に関連する歴史学、社会科学の知識）を基に、そのままでよいのか、それとも修正すべきであるのかが――同意された労働条件と私たちのしっかりした判断との間を行ったり来たりしながら――判定されるべきなのである。

たとえば現在の少子高齢化と初産年齢の平均が三〇歳を超える日本の状況にあっては、より充実した育児への企業のサポートが望ましいとして、「原初状態」において同意されたいくつかの労働条件があるとしても、それは未来永劫不変ものではないということである。たとえば、将来的に年齢構成比の変化、社会情勢の変化の中できめ細やかな修正が以前同意された労働条件に加えられてくるかもしれない。このような批判的、反省的な態度に基づく推論を「反照的均衡」というのである。

「秩序だった社会」と「正義感覚」

ロールズは「原初状態」と「反照的均衡」によって正当化された正義原理が実現されている社会を「秩序だった社会」と名づけている。

社会が秩序だっている（well-ordered）とはどういうことかを述べておこう。成員の利益を増進するようもくろまれているだけでなく、正義に関する公共的な考え方が社会を事実上統制している場合、その社会は秩序だっている。すなわち秩序だった社会においては、（一）他の人びとも同一の正義の諸原理を受諾していることを全員が承知しており、かつ（二）基礎的な社会の諸制度がそれらの原理をおおむね充たしており、人びともそのことを知っている。その場合、人びとは互いに過度の要求を出し合うかもしれないが、にもかかわらず、そうした要求事項を裁定するための共通の観点というものを承認している。自己利益を追求する人間の性向によって、お互いに警戒心を抱くことが不可避となるにしても、人びとに備わった正義の公共的な感覚のおかげでともに安定した連合体を組織することが可能となる。本質的に異なる志向やねらいを有する諸個人であっても一定の正義観を共有できれば、市民どうしの友情の絆は確立される。すなわち、正義を求める一般的な願望によって、正義以外の目標の追求が制限されるのである。正義に関する公共的な考え方が人間どうしの秩序だった連合体の基本憲章を制定する、と考えてもよかろう。[*36]

これはロールズが理想とする完全に正義にかなった社会であり、この社会におけるポイントを整理すると次の三点に集約されていく。①全ての市民は正義についての同一の構想に合意しており、このことが公に知られている。②この正義構想がその社会の法律や諸制度において制定されている。③市民たちは正義感覚と、そうした法律や諸制度に従うという意欲を有している。

この「秩序だった社会」の実現において、必須の条件となっているのが③で挙げた「市民の正義感覚」である。上記の①、②で示したように、たとえ正義の原理が社会の諸制度において充たされていても、そうした制度に従うという意欲が市民の側に存在しないならば、正義にかなった社会を運営していくことはできない。

この「正義感覚」の重要性は企業においても同様であり、表面上はCSR（企業の社会的責任）活動やコンプライアンス（法令遵守）を謳っていても、経営者ならびに従業員の側に「正義感覚」が存在しなければ、単なる絵に描いた餅であり、いわゆる企業の不祥事（食品の偽装表示・不正会計・不正入札・クレームの隠蔽）が横行することになるであろう。*37

カントに依拠した正義の原理の正当化

もしかすると、ここまで述べてきたようなロールズの正義論は単なる耳当たりの良い建前論に映るかもしれない。もしくは、実現が、とても困難なものと感じられるかもしれない。また、そうした「正義感覚」を私たちの多くは持っていない、と非難されるかもしれない。しかしながらロールズは、カントを適切に理解すれば、「道徳法則に基づいて行為できなかったことが生じさせるのは恥辱であり罪責感ではない」[*38]ということがわかり、「正義感覚」は理性的な存在である我々の根源的な部分にある、ごく普遍的ものだと主張している。

また『正義論』で展開された正義の原理の正当化の方法も「原初状態は経験論の枠組みにおけるカントの自律の構想と定言命法の手続き的解釈として見ることができるだろう」[*39]と述べ「カント的」であるとロールズは主張している。

実は、ロールズの主張する「原初状態」とはカントの道徳理念の一つである「諸目的の王国」という自律的な個々人から形成されている共同体を経験化し、手続き的な解釈を提供するものなのだ。それゆえこの「原初状態」において選択されうるような諸原理を我々が受け入れるとき、我々は自己立法を行っているのであり、自律的な自己という我々の本性、すなわち我々の合理性を表現していることになる。つまり「カント的な正当化」とは道徳性を自律性に還元し、さらにこの自律性を合理性に還元するというカントの試みに依拠しているものなのだ。

したがってロールズによる正義の原理の正当化は——理性的な存在であるならば誰に対しても妥当するという意味において——「普遍的」であると考えられる。すなわち、ロールズは自らが構想した正義の原理は自分自身を自律的で合理的な存在者であると見なし、そうした存在であることを十全に表現したいと欲している人々であるならば、誰でも受け入れうる原理であると論じていたのである。*40

公正な手続きにより正義は正当化される

こうした概念装置群や方法論を用いて正義の原理の導出を試みているロールズであるが、こうした仕方で正義について考察する自らの立場を「公正としての正義」と規定している。すなわちこれは「公正な手続きによって正当化された正義」を意味している。「手続き上の正義」と名付けられる立場であるが、これは、〈公正〉な選択状況においてある原理が選ばれるならば、その原理もまた〈公正〉であると正当化されることを含意している。

手続き上の正義には「完全な手続き上の正義」、「不完全な手続き上の正義」、「純粋な手続き上の正義」という三つの立場がある。*41

第一に「完全な手続き上の正義」とは、何が正しい結果であるのかを規定する独立した基準が存在し、かつその結果を確実にもたらすような手続きを考案できる場合。たとえば複数人でホールケーキを公正に切り分けるにはどうすれば良いのかを考えてみてほしい。ケーキの公正な分割（均等な分割）をもたらすためには一番後にケーキを取る人が、切り分ける役割も負えばいいのだ。このように、正しい「手続き」と正しい「結果」が明確な場合が「完全な手続き上の正義」と呼ばれる。

次に「不完全な手続き上の正義」とは、何が正しい結果であるのかを規定する独立した基準は存在するが、その結果を確実にもたらすような手続きを考案できない場合。たとえば刑事裁判がこのケースに当たる。つまり、真犯人のみに有罪を宣告することが正しい結果であるのは誰もが納得するが、この結果を確実にもたらす裁判制度は今のところ存在しない。正しい「結果」は明確だが、正しい「手続き」が不明確だと言う場合、「不完全な手続き上の正義」と呼ばれる。

最後に「純粋な手続き上の正義」とは、上記とは逆に、明確な正しい「手続き」があることが前提で、その「結果」は不問であるという場合だ。正しい結果を規定する独立した基準がない代わりに、公正な手続きが存在し、その手続に従ってもたらされた結果は（どのようなものであれ）公正な結果であるとする場合である。たとえばギャンブルなどは、ルール（手続き）が正しい限り、どのようなことが起ころうとその結果は公正であると判断される。

ロールズの正義の理論はこのうち最後の「純粋な手続き上の正義」に基づいており、正義原理の選択ならびに社会の仕組み（たとえば人びとの間での財の分配システム）における判断においても、この立場に依拠している。すなわち、上述した様々な概念装置群を用いて構成された正義原理を選択する手続きは公正であるので、この手続きに基づいて導き出された正義原理も正当なものである。またこうして導き出された正義原理が実現されている社会は公正な社会ということになるので、その社会のシステムに基づいて帰結した財の分配も正当なものである。このようにロールズは主張しているのである。

「正義の二原理」が厳密に順序付けされている理由

ではロールズの言う「公正としての正義」、つまり「公正な手続きによって正当化された正義」にあっては、どのような原理が正当化されるのだろうか。

ロールズは次の「正義の二原理」が「原初状態」にあっては自由で平等な、合理的な当事者たちによって選択されると主張している。

「第一原理」各人は、平等な基本的諸自由の最も広範な全システムに対する対等な権利を保持すべきである。ただし最も広範な全システムといっても〔無制限なものではなく〕すべての人の自由の同様〔に広範〕な体系と両立可能なものでなければならない。

「第二原理」社会的・経済的不平等は、次の二条件を充たすように編成されなければならない。

（a）そうした不平等が、正義にかなった貯蓄原理と首尾一貫しつつ、最も不遇な人びとの最大の便益に資するように。

（b）公正な機会均等の諸条件のもとで、全員に開かれている職務と地位に付帯する〔ものだけに不平等がとどまる〕ように。[*42]

この正義の二原理の適用には、厳密な順序付けがなされており、第一原理「平等の自由原理」が充たされてから、第二原理の（b）「公正な機会均等原理」が充たされなければならず、またこの二つの原理が充たされて、初めて第二原理の（a）「格差原理」が発動されることになる。こうした正義の二原理とはいったい何を目的としているのであろうか。

第一原理「平等の自由原理」が、命じているのは、基本的諸自由（基本的人権ならびに選挙権・被選挙権等の政治的諸自由、言論・集会の自由、思想および良心の自由等の市民的諸自由）の平等分配である。これによって形式的には全ての市民が社会の民主的な運営に参加することが保障される。

加えて第二原理の（b）「公正な機会均等原理」は、如何なる社会的・経済的な地位も全ての市民に開かれており、同じ能力と意思とを持つ人びとはその社会的背景や出自に関わらず、その他の条件が等しいならば同様の社会的・経済的成果を獲得できる見込みを保障している。

最後に第二原理の（a）「格差原理」は、当該の社会で最も不遇な市民の利益に配慮し、その最大化を図ることを保障している。

つまり、第一原理は政治的・市民的自由の「形式的な保障」を目的としているのに対して、第二原理はこれらの自由を各市民が十全に実現・行使できるための「実質的な条件の分配」を目的としている。正義の二原理のこうした厳密な順序付けの構成から読みとれるのは〈（第一原理で述べられる）民主的な自由権の平等分配には、（第二原理において述べられる）福祉への権利の保障も含意される〉というロールズの明確な意図である。市民的自律や自由権を十全に行使できるための条件として、生存権や適切な物質的供給が、人びとに保証されなければならないとロールズは考えている。政治的自由の単なる形式的な平等分配のみならず、その公正な価値を市民が享受しうるには、機会や富の過度の不平等を削減するための福祉政策（公教育や職業訓練の拡充、富の再分配等）が必要となるのである。これを逆から照射してみれば、いかに福祉政策が重点項目として採用されていたとしても（ここでは第二原理は満たされている）、その根本に、政治的・市民的自由の実現が目指されているのか（これが第一原理である）否かを常に注視しなければならないということになるだろう。

もうひとつ、ロールズ哲学の背景にあるのは、私たちの生に大きな影響を与える運や偶然性（生まれや天賦の能力、社会的地位、家族環境）は道徳的観点からは恣意的であり、人びとの人生に対するそうした偶然性の影響は緩和すべきというものである。そしてこれとともに、社会の成員が自尊（自分自身には価値があるという感覚）を有することができるような社会の仕組みをロールズは構想しているのである。

このような行論に基づき、功利原理が正義の第一原理として採用されている社会よりも、この正義の二原理が実現されている社会の方が社会的基本財をすべての人びとに公正に分配しうるという理由から、原初状態の当事者たちは功利原理よりも正義の二原理の方を選択する、とロールズは論じているのである。

ではこの正義の二原理が我々の社会において実現されるとするならば、我々の労働はどのように変化するのだろうか。この詳細は第四章において論じたいが、先取りして言うならば、正義の二原理が実現されている社会である「財産所有の民主制社会」にあっては、これまでの労働とは異なる新たな労働が我々にとって最も重要な活動として立ち現れて来ることになるであろう。

＊1 ジョン・ロールズ、『正義論 改訂版』、xxページ
＊2 アダム・スミス、『道徳感情論・上』、二一三－二一四ページ
＊3 アダム・スミス、『国富論・上』、三七六ページ
＊4 デイヴィッド・ヒューム、『道徳原理の研究』、一八一ページ。訳文は原文に沿って幾分変更した。
＊5 ジェレミー・ベンサム、『道徳および立法の諸原理序説』、八一ページ
＊6 『道徳および立法の諸原理序説』、八二ページ
＊7 ミルに対するロールズの立場は後年になるに従って好意的なものとなっており、積極的な批判は見られなくなるが（『政治哲学史講義』の「ミル講義」を参照）、『正義論』にあっては、功利の原理を支持している点において、自由についてのミルの論証は「あらゆる人にとっての平等な自由を正当化するものであるとは思えない」とロールズは論じている（『正義論 改訂版』、二八六ページ）。
＊8 J・S・ミル、『功利主義論』、五二八ページ
＊9 『功利主義論』、四六九ページ
＊10 『正義論 改訂版』、xxi－xxiiページ
＊11 トマス・ホッブズ、『リヴァイアサン』、一五六ページ
＊12 『リヴァイアサン』、一五八－一五九ページ
＊13 ジョン・ロック、『完訳 統治二論』、後編第八章九五節（四〇六ページ）
＊14 ジャン＝ジャック・ルソー、『社会契約論／ジュネーヴ草稿』、三九ページ
＊15 『社会契約論／ジュネーヴ草稿』、四一ページ
＊16 イマニエル・カント、『理論と実践』一九七－一九八ページ
＊17 イマニエル・カント、『人倫の形而上学』、一五八ページ
＊18 『人倫の形而上学』、一八九ページ
＊19 構成主義というロールズが採用している倫理学上の方法論についての詳しい説明は拙著を参照されたい。福間聡『ロールズのカント的構成主義——理由の倫理学』。
＊20 実在論と非実在論（非認知主義）との違いについて解説

している簡便な文献として、『イギリス哲学・思想事典』（研究社 二〇〇七）の「メタ倫理学」の項目、および拙著、福間聡「『真正な』善・悪はどこにあるのか？—道徳を教育するという視座から—」『国士舘哲学』No. 一七（二〇一三年三月）を参照。後者について以下のURLからダウンロードが可能である（https://kiss.kokushikan.ac.jp/pages/contents/0/data/1004764/0000/registFile/1343_2389_017_02.pdf#search=%27%E7%A6%8F%E9%96%93%E8%81%A1%27）。

＊21 『正義論 改訂版』、五三二ページ

＊22 『正義論 改訂版』、一四九ページ

＊23 『正義論 改訂版』、七一八ページ

＊24 ジョン・ロールズ、『政治哲学史講義1』、四〇一ページ

＊25 『政治哲学史講義1』、四一五ページ

＊26 『政治哲学史講義1』、四一七ページ

＊27 ロールズの思想における諸概念についての簡明な解説は、次の著作を参考にされたい。Freeman, S. *Rawls*

＊28 『正義論 改訂版』、一八ページ

＊29 『正義論 改訂版』、一八ページ

＊30 『正義論 改訂版』、二七ページ

＊31 『正義論 改訂版』、一八ページ

＊32 『正義論 改訂版』、一八六ページ

＊33 『正義論 改訂版』、一二四ページ

＊34 『正義論 改訂版』、五七七—五七八ページ

＊35 『正義論 改訂版』、二八—二九ページ

＊36 『正義論 改訂版』、七一八ページ

＊37 近年の一例を挙げると、「薬害エイズ事件」（一九九六年）、「武富士会長の盗聴事件」（二〇〇二年）、「ソフトバンクの個人情報流出事件」（二〇〇四年）、「パナソニック石油ファンヒーター事故」（二〇〇五年）、「ＪＲ福知山線脱線事故」（二〇〇五年）、「パロマガス湯沸かし器事故」（二〇〇六年）、「村上ファンドインサイダー事件」（二〇〇六年）、「ミートホープ食肉偽造事件」（二〇〇七年）、「グッドウィル違法派遣事件」（二〇〇七年）、「マクドナルド名ばかり店長事件」（二〇〇八年）、「福島第一原子力発電所事故」（二〇一一年）、「ワタミ過労死事件」（二〇一二年）、「カネボウの美白化粧品回収問題」（二〇一三年）等。

＊38 『正義論 改訂版』、三四五ページ

「したがって、カントを適切に理解すれば、正しく行為したいという欲求〔正義感覚〕は、私たちが事実そうであり、もしくはそうなりうる存在、具体的には選択の自由を持つ自由かつ平等な理性的存在者であることを、最も十全に表現したいという欲求から部分的に生じてくる。道徳法則に基づいて行為できなかったことが生じさせるのは恥辱であり罪責感ではないとカントが述べているの

は、このためだと私は思う。そして、カントにとって、不正に行為することは自由かつ平等な理性的存在者としての私たちの自然本性を表現し損ねる仕方で行為することなのだから、この解釈は適切である。不正な行為はそのようにして、私たちの自尊すなわち自分自身に価値があるのだという感覚に打撃を与える。そしてこの喪失の経験が恥にほかならない（第六七節）」

*39 『正義論 改訂版』、三四五—三四六ページ

*40 しかしながら後年ロールズは「穏当な多元主義」という現代社会の状況を真摯に受け止め、哲学的に特殊ともいえるカント的な正当化（すなわち自律的で合理的な存在者を措定し、そうした存在であるならば正義の二原理を支持するという論理構成）では逆に多くの人びとの支持（重なり合うコンセンサス）を得ることはできないと考え、伝統主義的、ないしは文脈主義的といえる正義原理の正当化の方法を模索するようになっている。

つまり原初状態の選択当事者達とは、カント的な人格を表現したものではなく、自由で民主主義的な社会に参加している人びとであるならば既に受容していると考えられる、「自由で平等な市民」という理念を表現したものであると、ロールズはその規定を変更している。このような選択状況において選択されうる彼の正義原理は普遍的なものではないかもしれないが、しかしそれゆえに、民主主義の公共的な政治文化を有する社会の中で生じる特定の諸問題に対しては、ある解決策を与えることができると主張することが可能となる。ロールズは『政治的リベラリズム』で、この著作の課題を「『政治的リベラリズム』は理にかなった教説の多元性——宗教的・非宗教的教説もあれば、リベラル・非リベラルな教説もある——が存在する情況において、秩序だった安定的な民主政治は可能であるのか否か、そして実際に首尾一貫したものとしてどのように考案しうるのか否かを考察しているのである。（Rawls, J. *Political Liberalism*, p. xxxix）」と述べている。

本稿ではロールズの（いわゆる）普遍的リベラリズムから政治的リベラリズムへの転回／展開についてはこれ以上論じることはできないが、このことについての私の見解は拙稿『ロールズのカント的構成主義——理由の倫理学』第1部を参照してほしい。

*41 『正義論 改訂版』第一四節を参照。

*42 『正義論 改訂版』、四〇二—四〇三ページ

第2章

『正義論』を取り巻く思想潮流

精緻でありながら明快なロールズ理論に対しては、
それを援用、批判する論者は数多い
(『白熱教室』で話題になったマイケル・サンデルなどはその代表的なひとりだ)。
そこで、本章では、そのサンデルをはじめ、
ロバート・ノージック、アマルティア・セン、スーザン・オーキンなどの
ロールズとは異なる思想背景を持つ4人の論者の批判を取り上げてみたい。
そこからは、ロールズが見逃している
正義にまつわる重要な問題を抽出することができる。

第1章で見てきたように、ロールズの理論は実に明快な枠組みを設定・提示している。ゆえに、それを支持し、自らの主張のために援用する論者も多い反面、そこをついて批判してくる論者も後を絶たない（つまり、それだけロールズの理論に対しては対立軸が設定しやすいということでもあるのだろう）。そんな中から、リベラリズムを支持するロールズへの思想面での対立軸として、リバタリアニズムからロバート・ノージック、コミュニタリアニズムからマイケル・サンデルを取り上げロールズの理論を揺さぶり、さらに深く考えてみたい。

ロールズは、あくまで理論的な枠組みを構築することに終始した哲学者だが、現代の哲学者・思想家には、二つのタイプがおり、ひとつは徹頭徹尾、書斎の中や大学の講義で緻密な理論構築を目指すもの、もうひとつは自分の理論を社会に投げつけてそこでの検証を重ねながら理論を再構築していくもの。ミシェル・フーコーやハンナ・アレントなどは後者のタイプの思想家であるが、ロールズは明らかに前者であろう。これはどちらのタイプが優れているという問題ではないが、ロールズの正義の理論の中に潜む問題点を検証するために、後者のタイプの哲学者・思想家の中から、アマルティア・センとスーザン・オーキンのロールズ批判を取り上げたい。両者とも、ロールズが見逃している正義にまつわる問題を鋭く突いている。

1 リバタリアニズム・ノージックの批判——徹頭徹尾「個人の権利」にこだわる

リベラリズムとリバタリアニズムの違い

リベラリズムの基本的姿勢を簡単に言えば、様々なことを自由にしていこうということだが、その自由を目指す対象の違いによっていくつかの流れに分かれる。

ジョン・ロックを代表とする「古典的リベラリズム」では、市民の一定の権利、とりわけ人身（身体と精神 person）の自由と私有財産を保護することにウェイトが置かれている。それと対比する意味で、T・H・グリーンやレオナルド・ホブハウスから端を発する「現代のリベラリズム」は、古典的リベラリズムがこだわっていた自由権と財産権を多少犠牲にしても、貧困、住宅不足、健康問題、教育問題等の重要事に対して関心を持つべきであることが要求されている。すなわち財の再分配を擁護している。

古典的リベラリズムは人びとの行為・選択に対して制約が存在しないことを自由と解釈しているため、「消極的自由」を支持しているとされるが、現代のリベラリズムは人びとの行為・選択が実際に実現できることを自由であると主張しているため、「積極的自由」を擁護していると区別することもできる。*1

ゆえに、現代のリベラリズムにおいては、政府の関与を積極的に評価する、いわゆる「大きな政府（福祉国家）」を目指す。それに対して、古典的リベラリズムにおいては、政府の関与を嫌う「小さな政府（自由放任国家）」を目指している。こうした古典的リベラリズムは今日「リバタリアニズム」と呼ばれている。そして、ノージックは、この「リバタリアニズム」を代表する哲学者だ。

「個人の自由の尊重」という点ではノージックのリバタリアニズムもロールズのリベラリズムも軌を一にしているが、その「自由」としてどのようなものを尊重しているかにおいて、この二つの立場は異なっている。いわゆる「社会権」（生存権、教育を受ける権利、労働基本権、社会保障の権利）も国家が個人に保証すべき「自由」（積極的自由）としてロールズは認めている点において、ノージックとは異なる立場にある。

リバタリアンであるノージックは主著『アナーキー・国家・ユートピア』の書き出しにおいて次のことを宣言している。

諸個人は権利をもっており、個人に対してどのような人や集団も（個人の権利を侵害することなしには）行いえないことがある。*2

ここでノージックの言う権利とは、「人身の自由と財産の所有権」のことで、これらは基底的で、絶対的な制約という地位を有していると主張しているわけだ。たとえある人の権利を侵害することが、他の全ての人の権利の侵害を減少させる、ということがあるとしても、国家が個人の権利を侵害することは正当化されない。また、効率性、安全、幸福、その他お馴染みの社会的目標を推進するということで、個人の権利の侵害が正当化されることは許されず、権利の充足はそれ自体が善であると論じている。徹頭徹尾「個人の権利」を最優先事項としているのだ。

ではなぜ「個人の権利」はこうした特別な地位を有しているのだろうか。その理由としてノージックは「我々は別個の人格」であることを挙げている。すなわち「誰か（ある特定の人、または社会全体）の利益のために私の権利が侵害されることはあり得ない。なぜなら私はその人とは異なる人格なのだから」、というわけである。

それゆえロールズと同様に個人の別個独立性をノージックも重視しており、ロールズと共に功利主義を批判していることは注目すべきだ。ノージックは次のように論じている。

> 我々の幾人かを他の者のために犠牲にすることに、正当化はありえない。この根本的理念、つまり、存在するのは別々の命をもった異なった個人たちなのであって、誰をも他の人々のために犠牲にすることはできない、という理念は、道徳上の付随制約の存在の基礎にあるのだが、私の信ずるところではそれはまた、他人に対する攻勢を禁止する、自由尊重主義的《リバタリアン》な付随制約に導くのである。*3

福祉国家批判を内包するノージックの国家観

では、何がロールズと対峙しているのか。それは国家というものへの態度である。この国家観がノージックのリバタリアニズムを特徴づけている。

ノージックは「国家（実力行使＝暴力を独占する組織）はどのようにして自然状態から（人々の権利を侵害しないで）生じるのか」という問いに対して、以下のような四つの段階に基づく、準契約論的な正当化を提示している。*4

第一段階：自然状態の様々な不都合（諸権利の私的な行使が不可能であったり、当事者間の報復合戦が絶え間なく続くなど）に対して、諸個人は保護機関（手数料をとって構成員たちの不正を全て仲裁し、適切な場面では、機関内部の者でも外部の者でも、侵害者たちに対して報復を加えるような機関）をつくったり、それに参加したりする。

第二段階：保護機関、あるいはそうした機関の連合体の一つが、各地域で支配的なものとなるであろう。

第三段階：保護機関は独立人たち（保護機関に所属していない人びと）の執行手続き（処罰権の行使）が信頼できないものあるいは不公正なものと判断するとき、彼らの権利実行に対して、自分のメンバー（構成員）を保護することが許されるし、そうしようとする。

第四段階：支配的な保護機関は、独立人に対し、処罰権の制限によって彼らが被る不利益を補償しなければならない（保護サービスの提供）。

そしてこの「支配的な保護機関」は当該領域内の誰にでも保護を提供し、同時に、独立人が機関の構成員に対して自分たちの権利を実行することを阻止するという意味で、「力の独占」を要求する。ここにおいて支配的な保護機関は国家へと移行し、最小国家が誕生するに至るというのである。そしてノージックは、こうした最小国家のみが唯一正当化可能な国家形態であると主張している。

「最小国家は、正当化可能な国家として最も拡張的なものである。それよりも拡張的な国家は、それがどんなものであろうと、人々の権利を侵害する。*5」

最小国家とは、警察・裁判・防衛の役割のみを果たす国家である。これが最小国家と呼ばれる所以は、この国家における課税は警察・裁判・防衛といった最小限の公共的なシステムを維持・運営するという目的のためだけに行われる点にある。この最小国家までは人びとの自発的な同意のみによって生起するが、それ以上の拡張国家（すなわち福祉国家）は人びとの権利、とりわけ所有権を侵害することになるとノージックは唱えている。また、この最小国家における課税は納税者自身の利益となるものであるため、唯一正当化されうるものであると彼は主張している。

他方（ロールズが擁護している）福祉国家において行われている所得の再分配のための課税は、納税をした本人のためではなく、本人以外の第三者に資することを目的とした課税であるため、他の者の利益のために納税者である者から一定時間の労働を奪うようなものである。すなわち、こうした再分配のための課税は自分で労働して得た所得を非自発的に国家によって奪われることになるため、いわば「強制労働」と変わらないと述べている。

勤労収入への課税は、強制労働と変わりがない。この主張を自明の真理と考える者もいる。n時間の労働の収入を奪うことは、その者からn時間を奪うようなものであり、それは彼を、他の者の目的のためにn時間強制的に働かせるようなものである。*6

このようなノージックの主張の背景には『統治二論』におけるジョン・ロックの権利観を継承した自己所有権（労働所有権）理論がある。自己所有権理論とは以下のような見解である。①自己のパーソン（人格・心身）に人びとは所有権を有している。②この自己のパーソンの労働から得られたものは人びとの排他的な所有物となる。そのため、③他者からこのパーソンを使うことを強制されてはならないし、自発的な仕方以外で他者を助けるという義務からも免除されている。それゆえ、④ひとは他者（同意を与えた者は除く）に対して害を与えない限り、自分の望み通りのことを行う自由を有している。

「格差原理」との対立

ノージックのこのような諸前提は、ロールズの「格差原理」とは、明らかに逆の立場を提唱している。

「格差原理」においては、社会的・経済的不平等は存在してもよいが、この不平等は最も恵まれていない人びとに最大の便益を与える場合のみ許容されるものでなければならないとされ、この原理の理念として掲げられているのは、「人びとが有している自然的才能の、社会における分配・分布状態を共通資産とみなし、この分配がもたらす便益を皆で分かち合うこと」という考え方である。すなわち、明敏な判断能力や理解力、一所懸命に努力したりすることができる能力を人びとが有しているかいないかは「運」であり、それゆえそうした能力から得られた利益を「自分だけのもの」として考えるのは道徳的には不適切である。社会においてそうした能力は、人びとに、恣意的(不均一)に分配されている。その状態自体を共通資産(社会の構成員の公共的な財)とみなし、この資産(能力)分配の相互補完性(人びとが互いに、自分には無い能力を他者から補ってもらうこと)によって可能となる利益を社会の構成員全体で共有することを「格差原理」は目指している。それゆえ課税による財の再分配が正当化されるのである。

ノージックはこうした「格差原理」を対して次のような批判を呈している。自己の労働からの収入に対して税金を課すこととは自己の労働力に排他的な所有権を認めないことであり、財や利益の配分に関して格差原理のような「一定の分配パターン」を人びとに押しつけることは、政府や他者による個人の生活への恒常的な干渉・介入に道を開き、ひいては個人のプライバシーと自由に対する深刻な侵害までもが引き起こされかねない、と。

このように強い自己所有権の擁護はロールズの運の恣意性論への批判ともなっている。リバタリアンに限らず、自己所有権を擁護する者は、この権利によって自己のパーソンの不可侵性（inviolability）が守られていなければ、次のような事態が想定できると主張している。

たとえば、自分の眼球に対する決定権を誰が有しているのかと問われたならば、自己所有権を無条件に否定することができないのではないかとG・A・コーエンは提起している。コーエンは「眼球移植が容易に実現できるとすれば、国家が眼球を提供しうる人々を抽選くじの制度に登録し、このくじに負けた者は、さもなくば片目が見える状態ではなく、盲目になってしまう移植者に眼球を一つ譲らねばならないといった事態」という思考実験に依拠して次のように論じている。

> くじに負けた者が自分の健康な眼球をもつのにふさわしくないという事実、彼らは盲目の人が一つの眼球を必要とするほどには健康な眼球を二つも必要としているわけではないという事実等々、――言い換えれば、彼らが健康な両目をもっているのは幸運にすぎないという事実――をもってしても、くじに負けた人々の自分の眼球に対する要求度は不運な盲目の人々の要求度と等しいという見解に、〔自己所有権を否定する〕左翼は確信がもてない。しかし、諸資源の不平等、私的所有の不平等、そして最終的な条件の不平等に対する標準的左翼の反

発が字義通りに解されるなら、これらの（相対的に）良好な眼球が自分のものであることはこの上もない幸運であるという事実のゆえに、私は眼球に対する特権を失うはずである。*7

すなわち、すべての財産に関してできる限りの平等を要求する社会にあっては、あなたが両目とも正常であり、ある隣人が全盲である場合、あなたの片方の眼を彼に譲るように強要されるかもしれない。あなたが二つの健康な眼を持っているのは、道徳的な観点からすれば恣意的なことであり、あなたは盲目の人間が一つの眼を必要とする以上には、二つの健康な眼を必要とはしないであろう。あなたがたまたま幸運にも二つの健康な眼を持っているということだけでは、この眼は自分のものであるというあなたの要求が、不幸にも盲目である人のあなたの眼に対する要求よりも強力であると常に説得できるわけではない、という訳である。

運の恣意性にどう抵抗していけるのか

リバタリアンであるノージックの主張をここでひとまとめしてみれば、最小国家のみが唯一正当化可能な国家形態であり、労働の成果はすべて本人のものであり、国家による所得の再分配政策は個人の自由を侵害する政策と見なされる。社会における恵まれない人への支援は国家による強制によってなされるべきではなく、個々人の自発的な慈善的行為に任せるべきだと主張しているのである。

しかし、序章でも述べたように、現代は格差の時代である。そしてその格差は、たとえ半分が、個々人の努力、才能から生じたものであるとしても、半分は個々人にはコントロールのしようがない、つまり「運の恣意性」によるものである（親の会社倒産によって進学できなかった。卒業した時期が就職超氷河世代であった。親の介護のため離職せざるをえなかった、等）。そしてロールズは、個々人の努力や才能でさえも、恵まれた家庭環境や社会的地位で生まれ育った結果、獲得できた能力であり、そうした能力を現に有しているからといって、その能力を用いて得られた利益を自分だけのものである（自分はそれに値する）と主張することはできないと論じている。[*8]

私は、運の恣意性にもてあそばれる現代社会においてこそ、「格差原理」の持つ真価を再考することは重要なことであり、そうすべきであると考えている。確かに、自分の人身は自分のものだという直観は強いものではある。しかしながら、自己の労働から生み出された利益も自分のものであると、本当に言えるのだろうか。[*9]

なぜかというと、個々人が有している能力、特に労働力とはそれが置かれている環境によってその「価値や意味内容」が変化するという点で、そしてその（経済的）価値は社会の制度や文化を媒介にした「他者の欲求・選好」に負っているという意味において、文脈的なのものである。

たとえば、AさんとBさんは同等の運動能力を有しているとしても、Aさんはプロ野球のエース、Bさんはハンマー投げのオリンピック選手となった場合、日本社会にあっては前者の方が高収入を得ることができるであろう。これは運動能力差それ自体ではなく、社会的に価値付与された労働力に由来する収入格差である。つまり（多少減退しているものの）野球への国民的な人気、マス・メディアによる取り扱い、プロ組織の存在といった我々の社会構造によって価値付与が行われている結果、プロ野球のエースの方が投擲選手よりも高収入が得られる状況が生み出されている。また各国の歴史・文化によって、どのスポーツが最も人気があるのかは異なることを踏まえるならば、野球が日本で最も高収入が得られるスポーツとなっていること自体が、「運」によるものである。

このように解釈に基づくと、労働する能力は自分のものである（どこで、どのように使用するかは決定できる）としても、その価値に関しては、その使用から生じる帰結（収入・富）に関しては、本人の支配（コントロール）が及ばないところで決定されているといえる。ならば、自らの労働力が生み出した利益は自分が独力で生み出した自分だけのものではなく、社会的に生み出されたものであり、それゆえロールズの格差原理が主張するような「共通資産」と見なすことは、我々の直観に反することではあるとはいえないと私には思われる。

2　コミュニタリアニズム・サンデルからの批判――善と正はどちらが優先されるべきか？

リベラリズムとは対峙するコミュニタリアニズム

前述したノージックの「リバタリアニズム」が、ロールズの「リベラリズム」と、「個人の権利」

への考え方では地続きだとしたら、本節で述べる「コミュニタリアニズム」は、明快に対峙する思想といえるだろう。「リバタリアニズム」と「リベラリズム」が、あくまで「個人の自由」に重きを置いている——そこから前者は個人の権利の絶対性を主張し、他方後者は個々人の自由を価値あるものとするために必要な社会的基本財の平等分配を要求するのだが——のに対して、この「コミュニタリアニズム」は、「コミュニティの価値」を重んじている。とは言いながらも、どのような場面でも、個人より共同体を優先させるというものではなく、個人の生活、政策の基本においては、自由主義的な「個人の自由」を尊重しつつも、いくつかの政策面においては「共同体の価値」を重んじるという、複眼的なものといえる。

「善に対する正の優先権」への批判

リベラリズムにあって、善き社会とは特定の目的や目標によって支配される社会ではなく、個人的に、あるいは団体において、自分たちの別々の目的の実現を目指すことが許されるような、様々な権利や自由、義務の枠組みを提供する社会である。善き生についての特定の構想を国家や社会、他者から押しつけられるべきではない。それゆえロールズは「正義」を「善」から独立させ、善の構想（望ましい生き方）について語ることを避けている。

他方コミュニタリアニズムにあっては、善き社会とは共通善への配慮によって統治される社会であり、コミュニティ自体の善が前面に出される。それゆえサンデルは愛着や友愛、共通の目的や伝統の意識を強調している。大まかに言えば、ロールズにおいては「善は（正のあり方により）規定されてくるもの」であるのに対して、サンデルにおいては「善は（共通の価値観によりすでに）規定されているもの」といえるだろう。

第一章でも述べたが、ロールズの中で、正と善は独立の基準を有しており、善の最大化が正になるという単純な考えではなく、むしろ「正が、何が（道徳的な）善であるのかを制約する」という立場である。これは正義論の重要な考え方である。そしてそこから、必然的に「善に対する正の優先権」というものが生まれてくる。ロールズの正義論では、原初状態において自由かつ平等な理性的である人びとが社会の正義原理を選択し、この原理が我々が従うことになる道徳的・政治的責務を規定するという論理構成をとっている。しかしながら、そもそも自らが従う道徳的・政治的責務を選択するという考えが妥当なものであるのか、とサンデルは疑問を投げかけている。

その〔リベラル派の理論の〕哲学的困難は、〝自由に選択する独立した自己であり、選択に先行した道徳的・公民的紐帯という負荷のない〟リベラルな市民の考え方に見いだされる。その見解は、忠誠や連帯に基づく責務といった、私たちが通常認識している広範な道徳的・政治的責務を説明できない。私たちが、自らのために選択する目的と役割によってしか縛られないと主張することによって、それは私たちが選択したのではない目的——たとえば、自然や神、あるいは家族、人民、文化、そして伝統の構成員としてのアイデンティティによって与えられた目的――によって要求されることを否定しているのである[*10]。

このサンデルの問いかけはロールズが擁護する「善に対する正の優先権」への批判ともなっている。「善に対する正の優先権」が意味しているのは、第一に、個人の権利が社会全体の善によって侵害されてはならず、第二に個々人が追求する善の間で正は中立・公正を保たなければならない、ということである。サンデルが批判するのはこの後者、「正の中立・公正」という考え方である。

たとえば、ポルノグラフィの問題を考えてみたい。表現の自由の観点からリベラル派であるならば容認することになるが、コミュニタリアンのサンデルにあっては、「ポルノはコミュニティの生活様式とそれを支える価値観を傷つける[*11]」と述べ、女性に対する集団的な名誉毀損やコミュニティの道徳的水準の低下をまねくという理由で、ポルノグラフィを禁止しうることを主張している。

このような事例で一時期話題になったものに「非実在青少年問題」というものがある。これは、二〇一〇年二月二四日に提出された東京都青少年健全育成条例改正案の中に盛り込まれた法案だが、その中に「非実在青少年」(つまり実写でなく、マンガ・アニメ・ゲームに出てくる青少年)に対する性的描写の規制というものが盛り込まれていた。問題は、この「非実在青少年」という考え方だ。法案では「年齢又は服装、所持品、学年、背景その他の人の年齢を想起させる事項の表示又は音声による描写から十八歳未満として表現されていると認識されるもの」と規定されている。つまり制作サイドの設定がたとえ一八歳以上になっていたとしても「一八歳以下に見えてしまえば」ダメということになる。この件に関して、実際にリベラル派と、コミュニタリアンとの間で議論がなされたわけではないが、おそらく鋭く対立するような案件だろう。

リベラル派はここで問題とされているような図書等が公開または規制されることによって誰のどのような権利が侵害されているのかという観点、つまり制作者の表現の自由の権利とそれを見る受益者の権利、そして侵害される可能性のある子供の権利との対立からこの問題を考察するだろう。しかし、コミュニタリアンであるならば、そのような問題の対象を腑分けすることなく、そうした図書を公開することはコミュニティの共通善を促進するか否か、道徳的に善いか悪いかという観点から考察することになる。

このコミュニタリアン的思考法では、個々人の善を特定するにあたって重要となるコミュニティの共通善というものの内容、そしてその範囲を特定することの困難さ、そしてそれに伴うあいまいな解釈が常につきまとい、こうした発想がどこで誰に利用されるかは予測できないという問題がある。

「負荷なき自我」への疑問

サンデルのロールズ批判はもうひとつのポイントに「負荷なき自我」への疑問というものがある。これは「原初状態」で設定されているものでロールズ理論のスタート地点に位置する重要なものだ。ここでのサンデルの思考には次のようなロールズの存在論への批判が背景にある。

ロールズの論理構成にあっては、自我（self）は目的（ends）に先行して存在する。これこそが「負荷なき自我」である。[*12] しかしながら上述したように、そのような自我では、私たちの日常的な道徳的・政治的責務が理解できなくなるとサンデルは考える。なぜか。私たちは特定のコミュニティや環境の下で生まれ、しかも特定の価値観をまといながら育てられているはずだ。にもかかわらずロールズが原初状態の当事者として想定する人格は、そのような負荷から完全に逃れているからである。

ロールズの「目的に先行する自我」にとって重要なのは、純粋で完全に自発的な選択能力であり、自我はそれが持つさまざまな目的や特徴から独立して同定されなければならない。すなわち、具体的な選択を行う以前の「私」があらゆる目的や属性に優先して与えられねばならないのである。

サンデルはこれを、自我の「所有の主体」モデルと名付けている。[*13] この自我モデルにあっては、自我の構成要素——私の特徴や欲望、野心や目的——は、単に私が所有しているものにすぎず、私を構成しているものではない。なぜならそうした所持物を失ったとしても、私は私のままだからである。サンデルは次のようにロールズの自我概念を批判している。

［……］ロールズの自我は、構成的特色が乏しいものと考えられ、一定の距離をつねに置いて保持される、偶発的な属性だけを所有しているので、自我の中には、反省によって、検分され、把握されるものは、なにもない［……］。[*14]

サンデルにあっては、自我の構成要素は、あくまでその人間が存在しているコミュニティの中で「他者と歴史を共有するという負荷」から生み出されるものであり、それゆえこうしたロールズの設定する自我は、たとえば「友情」といった他者との親密な在り方を適切に捉えることができないのではないのかと疑問を呈している。[*15]

サンデルの論によれば我々の「意向・価値・善の構想は選択の所産ではない」のであり、[*16]我々は、どういう意味であれ、自由に自分の価値や目的を選択することなどできないのである。ゆえに、本節冒頭の記述に戻れば、善というものは、ロールズの言うような「正のあり方により規定されてくるもの」ではなく「(コミュニティの)共通の価値観によりすでに規定されているもの」なのである。

このように、ロールズ批判を続けるサンデルだが、彼の構想する望ましい主体とはどのようなものであるのだろうか。次のような主体像を提示している。

我々は、前もって固体化され、自らの目的に優先して与えられた、まったく負荷なき所有の主体ではありえず、自らの中心的な大望や愛着によって一部が構成され、自己理解が修正されるに従って、発展し、変容していくことに開かれ、実際に影響を受ける主体でなければならない。しかも、そうなるためには、自らの構成的な自己理解には、単独の個人よりも広い主体が、つまり、構成的な意味でのコミュニティが定義される程度において、家族・部族・都市・階級・国家・国民であれ、そのようなものが含まれている。[*17]

人が先か？ コミュニティが先か？

では、ここまでコミュニタリアンが価値を置くコミュニティとは、どういうものであり、リベラリズムとコミュニタリアニズムではどのような意味の違いをもつのだろうか。

まずリベラリズムにあってコミュニティとは独立した個々人の結合の産物であり、ロールズが「社会的諸価値を、すなわち制度、コミュニティおよび連合体の活動の内在的善を、個人主義的な理論の基盤を有する正義の構想によって説明したい[*18]」と述べているように、そのコミュニティの価値はこうした個人たちを結びつけている諸条項の正義〔その正義のシステムがどのようなものであるのか〕によって説明されるべきであると考えられている。

他方コミュニタリアニズムにあっては、様々な結合体を形成するための合意をしたり、合意の条件に同意を与えたりできる個人の存在そのものが、あるコミュニティの存在を前提にしているという立場である。コミュニタリアンにとってリベラル派のような、あくまで個人を優先して考えるような方法でコミュニティを考えることは無意味である。コミュニティを前提にしない自我は、熟慮や内省や選択の能力に欠けているので、ロールズの企図する前コミュニティ的な状態（コミュニティが存在しない状態）からある結合体を形成し、その正義原理を確立するという企ては失敗する、とサンデルは考えている。

サンデルの道徳推論の目的

サンデルの善や正を考察していく態度、いわば道徳的理性の使用の目的は、判定することにあるのではなく、理解し自己を発見することにある。

つまり「私は何であるべきか」「私はいかなる種類の生を送るべきか」という「規範」を問うのではなく、「私は何者であるのか」という「事実」を問うべきだとし[*19]、そのためにはその者のアイデンティティを構成しているコミュニティの性格に自らの関心を寄せるべきであると述べている。こうしたコミュニティについての見解を「主体にまで領域が拡大されたコミュニティ理論」とサンデルは名付けている[*20]。

〔自らのアイデンティティが、自らが一部であるコミュニティによって、ある程度限定されるものと考えている〕彼らにとって、コミュニティは、同胞の市民として自分たちは何を持っているのかだけでなく、自分たちはなんであるのかも特徴付けている。コミュニティは、〔自発的結社におけるような〕彼らが選択する関係だけではなく、彼らが発見する愛着、すなわち単なる属性ではなく、自らのアイデンティティの構成要素となっているものも特徴付けている[*21]。

しかし、「我々は何者であるのか」という問いと「私は何者であるべきか。私はいかに行動すべきか」という問いは相反するものではなく、相補的なものであろう。

善の正に対する優先への疑問

ロールズとサンデルには、いくつもの違いがあるわけだが、極めて重要なのは、やはり善と正のどちらに優先権を付与すべきか、という点であろう。現代社会で考えたとしても、コミュニティの共通善とされる事柄が、社会的正義と背反する事例は実に多く散見される。むしろ、サンデルの唱える「共通善の正に対する優先」が重要視されてきたことが現代社会での様々な判断を複雑にしているのではないだろうか。

たとえば、一例であるが、ジェンダーに基づく性別役割分業が現在でも望ましい家族形態の基礎と捉えられており、少子化の解決策としても女性は家庭で家事や育児に専念することが合理的であるとする意見が現在の日本でも述べられることがあるが、これは（以下のオーキンの箇所でも論じるように）女性の自由という観点からすれば、男女同権という正義に反する見解である。しかしながら経済事情の悪化もあってか、「夫は外で働き、妻は家庭を守るべきだ」という考えは確かに日本に根強い。[*22] しかしながらこうした価値観を日本社会の「共通善」として承認し、この善に反する善の構想（ライフプラン）を追求する人々を非難することがあってはならないであろう。

しかしながら、「共通善の政治」を標榜するコミュニタリアニズムにあっては、コミュニティの共通善が個々人の選好を評価する一つの基準となっており、人びとの善の構想を公的に序列化し、どれほどこの共通善に従った生き方をしているのかでその人は「善き生」を送っているか否かが判断されることになる。[*23] コミュニティの共通善が個人が善き生を送る土台となるというよりも、個人の善の構想を抑圧する可能性が高い日本のような社会にあっては、人びとの生き方に対しては中立性（善の構想の公的な序列化の否定）を保持するロールズの立場を再度評価すべきであろう。[*24]

3 経済倫理学者アマルティア・センからの批判――より実践的な正義論の構築へ

ロールズと共通する正義理論の構築を目指す姿勢

インド出身のノーベル経済学賞を受賞したアマルティア・センは、主流派経済理論が仮定している「ホモ・エコノミクス」（人は自己利益の追求のみによって動機付けられている）と「合理的行動モデル」（人は効用最大化を目指している）を批判している。これらは貧弱な人間像に支えられた仮説・モデルであり、人は「共感」と「コミットメント」という二つの道徳感情によっても動機付けられていると主張している。[*25]

共感とは、他人への関心が直接自分の効用（幸福感）に影響してくることを言い表しており（他人が虐待されていることを知って心を痛める。したがって効用が減る）、コミットメントとは自分により低い効用しかもたらさないと分かっていても（あるいは効用とは無関係に）敢えて選択するという私たちの振る舞い（虐待あるいはいじめは不正であると考えて、それを止めるために何らかの行動に出る用意があること）を指している。

主流派経済理論に対抗するこのようなセンの立ち位置は、「合理性 the rational」とは異なる、「正当性 the reasonable」という私たちのもう一つの理性能力を支持し、そこに「正義感覚」を探し求めていこうとするロールズの姿勢と共通するものがある。*26

しかし、同じように正義理論の構築を目指しているセンだが、ロールズとは次の点で異なる。ロールズは生涯、精緻な理論構築を追及し続けたが、センはあくまで実践的なスタンスを手放すことは無い。換言すれば、ロールズが抽象的議論にとどまったのに対して、センは常に個別具体的な問題に取り組んでいたといえるだろう。

飢饉・貧困問題への実践的視座

ここでセンの実践的な問題に対する取り組みをみていこう。センは飢饉の発生と拡大の原因についての考察を行っている。*27 ベンガル大飢饉（一九四三年）やバングラデシュ飢饉（一九七四年）、エチオピア飢饉（一九七二―七四年）での近年の事例調査によると、飢饉は食糧供給量の不足ではなく、食糧に対する「交換権原（エンタイトルメント）」の変動（食糧の相対価格の急激な上昇）によって引き起こされているというのがセンの見解である。

ベンガル大飢饉は日本軍のインド侵攻を恐れた一部住民の食糧買い占め、および軍需産業の賃金の急上昇を主な要因とする食糧価格の騰貴によってもたらされた。その年の主穀は豊作であり、たっぷりと売られていたにもかかわらず、食糧購買力が低下した人々（小作農や非軍需産業の労働者・職人など）は餓死した。こうした事態が生じた理由は、インド総督府の対策の立ち遅れ、また飢饉を報道するメディアの不在にあるとセンは指摘している。それゆえセンは飢饉を防ぐには検閲を受けない自由なニュース・メディアの活発な活動と民主主義（政府の政策を激しく非難しうる有力な野党の存在）が必要であることを主張している。[*28]

また家族内での飢饉というものが存在していることをセンは剔抉している。すなわち、家族内での性的偏見・差別に由来する不十分な食糧分配によって生じる、女性たちの深刻な栄養不良の現状や、ヘルスケアの不平等などが、発展途上国での女性の人口割合の低さをもたらしているという。[*29]

二〇一〇年現在、世界平均では人口の男女比は男性五〇・四％に対し女性は四九・六％であるが、先進国ではこの比率が四八・六％と五一・四％となり、女性の割合のほうが多くなる。それに対して途上国では男女比は五〇・八％と四九・二％となり、男性の割合のほうが多くなっている。たとえば、先進国（アメリカ、日本等）にあっては女性の人口比率が高く、男女の平均寿命の差も大きくなっているが、途上国（中国、インド等）では男性の比率が高く、平均寿命の差も小さい。[*30]

センは、このようにいくつもの実践的調査から平等という概念に注目していくのだ。

功利主義やロールズへの批判的視点（何を平等にするのか）

また、センは実践的な倫理学者としての視点から、一連の功利主義的な平等概念だけでなく、ロールズの平等論に対しても問題を提起している。そのポイントは、単なる財の平等な分配ではなく、人びとの自由の機会を平等に分配することとの必要性ということだ。

まず功利主義的な平等（限界効用の平等）の問題点であるが、功利主義にあっては分配の結果、最大の社会的効用を得られることを平等とするため、高い効用を生み出す者を優遇することになる。つまり貧困者よりも既に裕福な暮らしをしている人びとの方に財を分配した方がより高い効用を生み出すならば、そうした人びとに更なる財の移転を行うことが正当化されることになる。

たとえばいかなる所得額に対しても、身体障害者のAさんがそこから得る効用が、楽しみを感じる名人であるBさんの半分しかない、としよう。この場合AさんとBさんとの間の純粋な分配問題を解くにあたって、功利主義者なら、身障者のAさんよりも快楽名人のBさんの方に多くの所得を与えるだろう。身障者はその際、二重の不遇を強いられる——つまり同一額の所得を得ても健常者より低い効用しか得られないのに加えて、所得の面でも少なく与えられることになるからである。効用総和の最大化に対してひたすら関心を寄せるために、功利主義はこうした事態を必ず招く。[*31]

次に総効用の平等（個人が得る効用の総量の平等）であるが、効用だけに目を向けている点では功利主義と同じであり、その効用の源泉が不適切なもの（たとえば他人の自由を侵害することから得られる効用）であるとしても、それぞれの効用の強さに従ってのみ互いに比較考量されなければならない、という極めて疑わしい前提を立てている点で不適切であるとしている。つまり効用（快）という主観的な要因だけでなく、客観的な、非効用的な情報「その人は飢えているのか、寒さに震えているのか、抑圧されているのかどうかといった点*32」も人びとの平等を評価する上で重要であるセンは考えている。

そして、ロールズ的平等（社会的基本財の平等）の問題点としては、①格差原理では不平等度が基本財の保有量（とりわけ所得高）によって測定されるため、障がい者のハンディキャップに適切な配慮が払われていない、②「誰でも望む」財の分配をロールズは目指しているが、人びとの健康状態や年齢、地域差、労働条件、体格の違いに伴って各人のニーズは変動するにもかかわらず、人間の多様性に対する感度が鈍い、③基本財でもって人々の平等／不平等を判定する枠組みは物神崇拝（フェティシズム）に陥っている。したがって基本財は社会正義の情報的基礎としては不適切であるとセンは指摘している。

人々がもしも基本的にきわめて類似しているならば、基本財という指標は、不平等の度合いを判定するのにとてもよい手段となるかもしれない。だが実際のところ、人々はそれぞれの健康状態、年齢、風土の状態、地域差、労働条件、気質、さらには（衣食の必要量に影響を及ぼすという点で）体格、の違いに伴って各人各様に変化するニーズをもっているのではなかろうか。だから［……］事実人々の間できわめて広く見られる種種の相違を考察の対象から落としているところ、ここに格差原理の問題点がある。不平等の度合い〔の是非〕を、たんに基本財の観点からだけで判断するような道徳には、必ず何らかの盲点がつきまとうものなのである。

確かにロールズの理論枠組みの中に「物神崇拝《フェティシズム》」の要素が存在しているといってもよいだろう[*33]。

ケイパビリティ（生き方の幅）の平等

では私たちは何を対象とした平等をめざすべきなのだろうか。それは「ケイパビリティ capability」であるとセンは主張している。

すなわち、ひとが「ある基本的なことがらをなしうるということ」を平等に分配すべきである、と。たとえば「適切な栄養を得ている」、「健康状態にある」、「避けられる病気にかかっていない」、「早死にしていない」という私たちの働き・機能は私たちがつつがなく日常生活をおくるためには基本的なことがらであると思われるが、こうした働き・機能の集合（移動、衣食住、社会生活への参加など）をセンは「ケイパビリティ」と名付けている。

これまで検討してきた、三つの理論枠組み〔功利主義的平等、総効用の平等、ロールズ的平等〕の全部に欠けているもの、それが「基本的ケイパビリティ」(basic capability)——人がある基本的な事柄をなしうるということ——についての何らかの観念である、といってもおそらく間違いなかろう。身障者の例では、身体を動かして移動する能力が関連しているものの一つだが、その他にたとえば、栄養補給の必要量を摂取する能力、衣服を身にまとい雨風をしのぐための手段を入手する資力、さらに共同体の社会的生活に参加する権能といった能力もここに含めることができる。[*34]

たとえばある自治体において、人びとの生活の移動手段とデジタル情報へのアクセスを平等にするために電動機付自転車とノートパソコンをすべての住民に配布したと想定してみよう。ロールズのように「保有している財の程度」によって各人の状態が評価されると考えるならば、その自治体の住民の状態は少なくとも最低限の移動の手段と情報へのアクセスに関しては平等であるといえる。しかし、住民の中には自転車に乗れないひと、パソコンで情報にアクセスできないひとも存在するのであり、そうした財を単に有しているだけで実際に移動や情報へのアクセスができなければ、人びとの状態が平等の方向に改善されたとはいえないであろう。それゆえ快ないし欲求充足という心理的アウトプットか（功利主義）でも、よく生きるための手段に過ぎない財・資源の保有量か（ロールズ）でも平等の指標としては不十分であり、財と効用の間で、さまざまな生き方の実現を促進すること、すなわち「ケイパビリティ」（生き方の幅の平等）をセンは目指しているのである。[*35]

社会契約論批判から比較に基づく普遍主義的アプローチへ

人びとの現実の生活に根差した平等論を展開しているセンであるが、彼の批判は正義論に対するロールズのアプローチそれ自体に対しても向けられている。

ロールズに代表される契約論に依拠した主流派の正義論にあっては、完全に公正な正義システムの実現へと一足飛びに進み、この正義の規準に適わない社会は全て不正であるとして切り捨てるため、現実の社会における個々の不正義を是正し、相対的な正義を促進して行くことを無視しているとセンは主張している。こうした主流派の立場を「先験的制度尊重主義」とセンは名付けている。

この「先験的制度尊重主義」アプローチの特徴として、「第一に、正義と不正義の間の相対的な比較ではなく、『完全なる正義』のみに関心を集中する」、「第二に、先験的制度尊重主義は完全性を求めて制度を正すことに集中し、最終的に現れる実際の社会に直接、焦点を合わせようとはしない」という二つを挙げている。[*36]

この先験的制度尊重主義に対してセンが擁護する立場は「比較アプローチ」である。これは不正義（飢饉、テロ、奴隷制、女性の服従、国民皆保険の欠如）が存在する現実の状態とそうした不正義が取り除かれた状態とを比較することを通じて、漸進的により望ましい社会世界を実現して行くというアプローチである。

正義に関する論争を実用性に結びつけようとするなら、比較の形を取らざるをえない。たとえ完全な正義を特定できないとしても、比較を控える必要はない。例えば、蔓延する飢餓や非識字を解消するための社会政策の導入は、それが正義を促進するという理性的な合意によって支持されることになるだろう。しかし、そのような政策の実施は、我々が個人的に提案でき、社会的にも受け入れることのできる多くの改善を除外しているのかもしれない。完全に公正な社会の先験的要件を特定することは（もし、そのような特定が可能として）、どのように現実の社会を理想化するかに関して数多くの要求を（実際にそれを実施できるかどうかは別として）することになる。正義を促進する変化や改革は、単に「公正な社会」（あるいは、「公正な制度」）」を完全に特定するのではなく、相対的な評価を求める。[*37]

社会契約論の立場をとる先験的制度尊重主義は、ロックやルソー、そしてカント的な思考法に依拠しているが、センの「比較アプローチ」はアダム・スミスの「公平・不偏的な観察者」という思考法が基底にある。すなわち、「遠く離れた「公平・不偏的な観察者」なら、それについてなんと言うだろうか？」と反事実的な思考法によって、我々の社会に根付いてしまっている伝統や慣習の影響を精査し、価値の地域的偏狭性を避け、様々な「声」や複数の「理由」を取り入れて「公共的な討議」を拡張することを目的としている。こうした思考法をセンは「開放的不偏性」と呼んでいる。[*38]

主流派の一国モデルの正義論における、他国や他集団に対する「排他的無視」を克服し、グローバルな正義を実現するためにはこうした形での普遍主義的アプローチが必要となる。グローバルな正義の実現には国際的な制度や世界政府などは必要なく、開かれた討議によって相互の理解を深めて行くことが肝要であるとセンは提起している。

ゴータマ・ブッダの「力の義務」

では誰が社会の不正義を取り除く変化を起こすべき義務を負っているのだろうか。この問いに対する回答としてセンは「力の義務」を示している。これは、ゴータマ・ブッダの『スッタニパータ』で展開されている考え方で「人間は他の生物より非常に強力なので、力の非対称性に結びつく他の生物に対して我々は義務を負う」というものだ。[*39]

たとえば、母親が子供に対して義務を負っているのは、子供の命に関わることで子供が自分ではできないことを母親はできるという理由に由来していると考えることができる。相互利益という契約論的な視点には基づかない、力の非対称性に拠る一方的な義務（力の義務）に注目し、（相対的に）「有効な力」を有している者は（相対的に）力を欠いている者の自由や人権を促進することを支援する義務を負うとセンは主張するのである。

こうしたセンの正義に対するアプローチから読み取れるのは、正義論は本来の在り処である「ザラザラした大地」に戻るべきというメッセージである。

——われわれはなめらかな氷の上に迷いこんでいて、そこでは摩擦がなく、したがって諸条件があるいみでは理想的なのだけれども、しかし、われわれはまさにそのために先に進むことができない。われわれは先に進みたいのだ。だから摩擦が必要なのだ。ザラザラした大地へ戻れ！*40

完全に公正な社会を目指すロールズ等による先験的制度尊重主義アプローチは、正義の理論としては理想的かもしれないが、現実社会との接触（摩擦）がなく、足がかりが無いために、その理論を実現することができていない。（完全ではないかもしれないが）より公正な社会を実現するには、社会の現実に根差したアプローチを採用する必要があり、正義の理論を再度「ザラザラした大地」へと、すなわち正義を必要としている個々の人々の状況の改善という目的に立ち返るべきであると、センは考えているのである。

「理想的な理論」の必要性

センはロールズのような主流派の正義論へのアプローチを先験的〔超越論的〕制度尊重主義として批判しているが、では正義の問題を考察するにあたって理想化された理論は必要ないのであろうか。私はそうは考えない。センの比較アプローチは現に存在する選択肢〔制度・政策〕の中でどれが人びとのケイパビリティの不平等をより改善するのか、という方法論であり、それ故、今現在、存在しない選択肢については等閑視することになる。「理想的な理論」の存在意義は、そうした今現在存在しないが、実行されるならば人びとの状況を著しく改善するという制度・政策を人びとに示唆し、人びとに対してそれを実現するという動機づけを与えることにある。

たとえば、労働条件について考えみても、センの比較アプローチでは、現時点で実現可能な選択肢――非正規雇用者を正社員にするか、それとも非正規のまま時給を大幅にアップするのか、等――の中でどちらが望ましいのか、という判断しか下せない。しかしロールズが提示している「財産所有の民主制」〔詳しくは第4章で論じる〕という資本主義的福祉国家に取って代わる新たな社会モデルに基づくならば、自由の平等分配や公正な機会均等の保障という観点からどのように人びとの労働条件を改善すべきなのか――有意義な労働への権利を人びとに付与すべきか、生産資産や人的資本の所有をどのように分散すべきか、ベーシックインカムを人びとに保障すべきか――について判断し、制度・政策の実現を目指すことができる。このような長期的な観点から社会制度について考察し、現行の制度を批判する視座を理想的理論は与えてくれるのであり、仮想的な状況でしか意味をなさないというものではない。

したがって、比較アプローチと理想理論はともに利点と欠点があることを認め、正義の問題を検討するにあたっては双方を相補的に活用してゆくべきである。すなわち反照的均衡を適用し、それぞれの方法論から導かれた結論の間を行きつ戻りつしながら、現実的かつ理想的な正義原理の構築を目指す必要があると思われる。

4 フェミニズム・オーキンからの批判——家族制度の中での正義

「無知のヴェール」は機能していない

ニュージーランド出身のフェミニスト政治哲学者であるスーザン・オーキンは、『政治思想のなかの女』[*41]において、フェミニズムの視点から、古典的な政治理論（プラトン、アリストテレス、ルソー、J・S・ミル）での女性嫌悪と家父長制度に注目し、さらに『正義・ジェンダー・家族』[*42]において現代の主流派政治哲学でのジェンダーと家族の無視を分析している。今まで挙げたノージック、サンデル、センといった三人の男性論者とはまた違う視点でのロールズ批判をここでは検討していこう。[*43]
ロールズの正義論は、社会の基礎構造を第一の主題とするものであり、この基礎構造は社会的な協働から生み出された利益や負担、そして権利と義務を市民の間で公正に分配することを保証するものでなければならない。社会の基礎構造は私たちの在り方や生の見通しに絶大な影響力を有しているため、すべての市民が――男性も女性も――是認できると思われる仕方で統制されなければならない。社会の基礎構造を構成する社会的諸制度として、政治の基本組織・政体、思想の自由や良心の自由を法律で保護すること、競争的な市場、生産手段の私的所有、および一夫一婦制の家族がその実例として含まれるとロールズは論じている。[*44]

しかしながら、多くのフェミニストたちは、私たちの社会の基礎構造は目下のところ、利益と負担が不平等に分配されており、部分的には、ジェンダーシステムと、そこで継承されてきた伝統と制度が有している家父長制的な性質にその原因があると指摘している。

そしてロールズの正義論では、社会の基礎構造の公正さはどのように社会的基本財をその正義原理は分配しているのかによって評価されるが、この原理は「無知のヴェール」の背後で選択されると考えられている。このヴェールは原初状態の当事者たちから社会における各人の地位――社会経済的状況・人種・信教・能力・性、等――についての知識を遮断し、当事者たちが有しているバイアスによって偏向した原理が選択されないように機能するものである。

フェミニストであるスーザン・オーキンはこの「無知のヴェール」という理論の不徹底さを指摘し、以下のようなことばを著している。

フェミニストの立場で読むとき、ロールズ自身の理論がはらむ問題点が、「彼」〔という人称代名詞〕の指示対象の曖昧な多義性のなかに詰め込まれている。ジェンダーシステムは、その根を家族における性別役割にもち、事実上私たちの生活の隅々まで枝葉をはびこらせた、社会の基礎的構造のひとつである。だが、これまで示してきたように、ロールズは性を根拠とする公的で法的な差別を（彼が「道徳的に無関連であるべき」だとみなす他の根拠の場合と同じように）即座に禁止する一方で、ジェンダーシステムの正義に正面から取り組むことには失敗している。しかし、もしわたしたちが、無知のヴェールの背後の人びとは性別を知らないという考えや、基本的社会制度としての家族やジェンダーシステムこそ詳しく吟味されるべきだという考えを、どちらも真剣に受け止めたうえでロールズを読解するならば、これらの現代の制度に対して、フェミニズムからの建設的批判がもたらされることになる。*45

無知のヴェールの背後において「正義の二原理」は選択されるはずであるが、私たちの社会のジェンダーシステムは、その二原理採択の後の社会においてさえも「平等の自由原理」と「公正な機会均等原理」を共に侵害しているとオーキンは主張している。

なぜなら、事実上、性によって役割を市民に割り当てていることによって、ジェンダーシステムは市民の「職業選択の自由」を妨げているからである（だいぶ変化してきてはいるが一般論として、ケアに関わる仕事や事務職は女性、営業職や大学教員は男性など）。

正義にかなった社会にあっては、国家や教育制度、そして職場は、性に従って役割を割り当てるべきではないと主張することは一般的であるが、オーキンは、この主張は家族にも同様に適用されるべきことを唱えている。

地位や行動期待を性別という生得的特徴に応じた所与の性質として指定してしまうジェンダーが、家族の内部だろうと外部だろうと、社会構造の正統な部分を形成することなどあり得ない。*46

ジェンダーによる差別が無いという原則は社会的諸制度と共に、家族内においても機能しなければならない。ロールズは家族制度を社会の基礎構造の一部であると認めているものの、『正義論』において家族の中での正義を積極的に論じることはなかった。それに対してオーキンは「家族制度も正義にかなっていなければならない」ことを要請しているのである。

家族・社会制度へのオーキンの批判

正義の二原理に基づく社会が安定的である理由として、ロールズはその社会の市民は適切な「正義感覚」を発展させることを挙げている。ロールズは『正義論』第三部において、正義にかなった社会における子供の道徳的発達について説明しているが、そこでは道徳的発達の初期段階にあっては家族(両親)が大きな役割を果たしているということを述べている。

第一法則〔権威の道徳性〕：家族の制度が正義にかなっており、その上で両親が子どもを愛し、子どもの善に心を砕く（caring for）ことによって親の愛を表明しているならば、子どもは自分に対する両親の明白な愛を認識し、彼らを愛するようになる。[*47]

それに対してオーキンは、もし子供が正義にかなっていない家族、すなわち両親の間において「平等性と互酬性」が欠落しており、「依存と支配」によって特徴づけられている家族において育てられるならば、必要とされる正義感覚を発展させることはありそうにないと指摘している。

性別役割が堅固に割り当てられた支配関係のある家族のなかで、ロールズの道徳発達理論が求めるような「われわれ自身を他者の立場に置き、その立場にいたらわれわれが何をおこなうかを見出す」方法を、わたしたちはどうやって身につければよいのだろうか。男女双方の大人たちに等しく養育されることがなければ、いかにして、子どもたちの道徳心理の発達が男女を問わず十分に等しく満ち足りたものとなり、原初状態に体現されるような正義について熟慮できるようになるのか。両親の双方が養育をともに受け持つことなしに、大人として両親の双方が正義感覚の基礎にある共感能力を維持することなどできるだろうか。[*48]

通常子供の養育負担は一方的に妻に負わされていることが多く、夫が平等に負担することは少ないが、ジェンダーによるこうした差別を是正していくためには、政府が主導的な役割を果たすべきであるとオーキンは要求している。

たとえば職場での対策としては、政府がデイ・ケア、育児休暇、フレックスタイムを援助することを支持している。こうした便宜は、男性と女性が伝統的な役割分担に逆らって選択することを可能にする。

また専業主婦のような伝統的な役割を選択している女性には、配偶者の所得の半分を受け取る権利を付与することで、彼女らを脆弱な状態から保護することを提言している。「政府は、賃金労働と不払い労働の、生産的労働と再生産労働の男女間での平等な分担を奨励し、促進する必要がある」という力強い主張は、フェミニスト・オーキンの真骨頂とも言える。[*49]

またジェンダーシステムの悪循環という視点も、オーキンならではのものがある。その原因として、現状のジェンダーシステム、ならびに継承されてきた伝統と制度が有している家父長制的な性質を挙げている。

たとえば、多くの女性はパート勤務といった賃金労働と家事・介護・育児といった不払い労働という二重の負担を負っているため、政治参加や公共的な討議に従事するための自由な時間をあまり有してはいない。

性的ステレオタイプ化によって、女性は従属的であり、男性よりもリーダーシップを発揮することができないと多くの人は思い込んでおり、女性に特有の利害関心は個人的な問題であって、政治的な問題ではないと見られている。女性は政治的討議や立法の場において不十分にしか代表・表象されていないため、ジェンダーシステムの不当性が公共の場における対話の主題となることや、このシステムの解体が法的措置の対象となることが見込めないという悪循環をもたらしている、と言うのである。[*50]

こうした悪循環を断ち切るためには、公共的な討議に男性と同等の条件で女性がアクセスできるよう分配的正義を促進し、性的ステレオタイプ化が女性の政治参加を妨げないようにすること。さらに、女性のニーズや利害関心は民主的な権威への正当な要求であると理解され、影響力のある諸制度における男性の支配が克服されるためには、文化自体を変化させる必要があるという、より大きな視点を持った社会変革の必要性までオーキンは主張しているのである。

ロールズの家族制度への言及の弱さ

ここまで述べてきたオーキンの批判はフェミニストとしての立場から見ればそれほど新奇なものではない。しかし、それを主流派正義論への批判、ことに「家族の中での平等」の要求というところに焦点をしぼっていくとセンとの共通項を見出すことでき、実践派の論理の強靭さが垣間見られる。『正義論』でのロールズの家族制度への言及は曖昧であり、ジェンダーへの視線が欠如していたことは確かであり、そこへの指摘は肯けるものがある。

ロールズは後年『公正としての正義　再説』の中で、『正義論』に対するオーキンの批判を「正しい」と認める形で、[51]家族制度について論じ及んでいる。

まずロールズは正義原理が家族に適用されないという考えは「誤解である」と述べている。[52]正義原理は家族の内部生活には直接適用されないが、「制度としての家族に対しては不可欠の制約を課し、その全構成員の基本的な諸権利及び諸自由と公正な機会を保障する」。[53]その理由は妻と夫は等しく市民であるのだから、そうした平等な取り扱いが当然保障されるべきだからである。そしてロールズは「財産所有の民主制社会」にあっては女性の完全な平等が目指される、と主張している。

もし女性の不平等の主たる原因ではなくとも一つの基本点的な原因が、伝統的な家族内分業において、子供を養い育て世話をする負担が女性により多くかかっているということにあるのなら、女性の負担を男性と等しくするか、負担に対して埋合わせをする方策が講じられる必要がある。特定の歴史的条件のもとでこれを行う最善の方法は、政治哲学が決めるべきことではない。けれども、現在よくある一つの提案は次のものである。すなわち、法は、規範あるいは指針として、妻の育児労働を（依然として一般的であるように妻がこの重荷を背負っている場合）、婚姻中に彼女の夫が稼ぐ所得の平等な分け前に与る権原を彼女に与えるものの一つに数えるべきである。もし離婚ということになれば、妻は、婚姻中に生じた家族資産の価値の増加分に対して平等な分け前をもつべきである。[54]

このロールズの女性の不平等是正に対する見解は、オーキンの理論を全面的に受け入れたものである。[*55] その上でロールズは、正義原理の実現は女性や子供の自由と機会に悪影響を与えているジェンダーシステムの欠陥を修復するのに十分であるのか、という問いに対して、正義構想だけで決めることはできず、社会理論や人間心理学、その他の多くのものに依存すると答えている。[*56] すなわちロールズは、女性の平等を保障する正義原理やそれを実現する諸制度を確立しただけでは不十分であり、そうした諸制度を支える姿勢や徳性を市民の中に陶冶し奨励することが必要だと考えている。それゆえそうした陶冶・奨励を行う場である家族の価値というものの重要性を認めるに至っている。

5 四者の労働観

これまでノージック（リバタリアニズム）、サンデル（コミュニタリアニズム）、セン（ケイパビリティ・アプローチ）、オーキン（フェミニズム）という四者によるロールズ批判を瞥見してきた。ノージックによる労働所有権に基づく福祉国家批判、サンデルによる共通善の重視に基づくリベラリズム批判、センのケイパビリティ・アプローチに基づく財の平等批判、そしてオーキンのフェミニズムに基づく家族制度の中での正義の要求は、それぞれ検討に値するものであり、現代正義論が対象とする問題を拡張するものであるが、ここではそれらすべてに手を付けることは控えたい。しかし、本書のテーマでもある「労働」に関しては、改めてここで各論者の視座を整理しておきたい。

ノージックとサンデルの「労働における自由の侵害」への視座の違い

ノージックについて再度言及する必要はないであろう。詳述したようにリバタリニズムの立場から、「格差原理」を批判し、自己の労働からの収入に対して税金を課すことは、個人のプライバシーと自由に対する侵害であるとまで明言している。

一方、サンデルはコミュニタリアン共和主義の立場から「賃労働は自由労働か」という問題に対して「共和主義的な自由の考え方によれば、賃金のために働く人々が真に自由であるということは、決して自明なことではない」[*57]と述べている。

自分自身の労働力を賃金と交換に売却するという賃労働は、本人の自発的な同意に基づくものであるならば、すなわち不当な圧力や強制、詐欺等が存在しないならば、主意主義や契約主義的な意味では、自由であると言える。しかしながら外的な干渉が存在しないという(古典的)リベラルな意味での自由とは異なり、共和主義的見解では「自分が自由であるというのは、自己統治に参加しているという場合のみ」[*58]と考えられており、「労働における自由の侵害」という観点から見たときに、ノージックの労働観とは全く異なるものである。ノージックにあっては強制的な再分配のための課税は労働者を部分的な奴隷とするものであったが、サンデルにあっては、独立し自らが雇用主（自営業者）となる可能性が存在しない、一生涯賃金労働者として過ごす者は奴隷と等しいとされるのである。

この「労働における自由の侵害」に関しては、セン、オーキンとも実に興味深い視点を提示している。

センの「飢饉の阻止」と「雇用の自由」へのこだわり

センは、「飢饉の阻止」と「雇用の自由」（雇用主を替える自由、職業選択の自由）との関係において労働について論じている。

まず「飢饉の阻止」であるが、食料に対する権原（エンタイトルメント）を潜在的な飢饉の犠牲者に対して保護する（失われた購買力を再創出する）方法として、現金賃金による公的雇用が望ましいと述べている。*59 通常、飢饉救済というと、食料の配給や救済キャンプでの光景を思い浮かべることが多いが、それは飢饉が阻止できなかった後の施策であり、そうした事態にならないための、飢饉を阻止する戦略としては、最低限の所得を創出することであるとセンは考えている。

ではなぜ施し物による救済ではなく雇用であるかというと、「最低限の賃金で無条件に雇用を提供することは、本当にそれを必要としており、雇用機会を喜んで受け入れようとする人々を自動的に選び出す篩の役割を果たす」ことになり、本当に窮状している者を選択することを容易にし、食糧配給に伴う「汚職と悪用の可能性を減らせる」[*60]とセンは述べている。

さらに雇用を通じた保護を与えることは、一時しのぎの炊き出し所に人々を押し込めることに比べ、犠牲者たちの経済・社会・家庭生活を崩壊させず、窮状した人々にとってあまり屈辱的でないことを挙げている。

また、現金賃金の利点は食糧の直接給付と異なり、特別に食糧を政府機関が動かす必要がなく、通常の取引・輸送経路を通じて満たされることを可能にする点にある。仕事に対する賃金払いは、公共部門による食糧の直接的配給よりも組織化がはるかに容易であり、多くの煩雑な行政手続きを必要としない。[*61]

このセンの見解は飢饉阻止という特別な目的に関するものであるが、第4章で論じる「仕事保障（労働への権利）」という先進国における問題にも示唆を与えるものである。

次に「雇用の自由」については、センもサンデルと同じく、アメリカの黒人奴隷の事例に言及している。[*62]当時の黒人奴隷の金銭的所得は相対的に高水準の状態にあり、奴隷たちが消費できる物資の量は、自由農業労働者の所得と比べても良かった。そして奴隷たちの平均寿命もフランスやオランダのような先進国における平均寿命にほぼ匹敵し、米国とヨーロッパの都市自由工業労働者の平均寿命よりもずっと長かった。それにもかかわらず奴隷たちは農園から脱走した。その理由は、たとえ相対的な所得水準が高く、平均寿命が長いとしても、奴隷の労働の現場には自由がなく、また雇用の自由（雇用主を替える自由、職業選択の自由）もなかったからである。

奴隷たちが解放された後、多くの農園主は賃金制度に基づいて集団労働制を復活させようとしたが、以前の二倍の賃金を払っても、維持することはできなかった。所得が上昇しても、労働の場での自由の方を解放奴隷たちは望んだのである。たとえ所得は十分であっても、自由の喪失はそれ自体が大きな欠乏となりうる。財や効用よりも自由の側面が、労働を評価するにあたって重要であることをセンは提起している。

また途上国での児童労働の問題は、恵まれない世帯の子供が事実上奴隷状態に置かれており、搾取的な雇用に強制的に追いやられていることが典型的な原因であるとセンは見ている。[*63]

途上国での女性が家庭の外に職を求める自由は体系的に拒絶されており、このこと自体、女性の自由と両性の平等の重大な侵害である。センは女性が家庭外で働く重要性を「家庭外の仕事は、女性の経済的独立を増大させるという市場雇用の直接的な効果のほかに、女性に家庭内の分配での「分け前」を改善することを可能にする原因として重要である」[*64]と述べている。

この家庭外の仕事の意義は、途上国の女性だけでなく、日本のような先進国にあっても妥当すると思われる。経済的な自立が可能になってはじめて、家庭内においても男女間の平等が成立するとセンは捉えている。

オーキンの主張する「ジェンダーのない家族」

最後にオーキンは「労働における自由の侵害」について、女性による家庭内での不払い労働に非難の矛先を向けている。

ロールズの正義の理論において想定されている人間像は、理性的で自律的な、正義感覚を有した市民であるが、ではいかにしてそうした存在へと人びとはなりえたのかについて全く言及していない。人間がそのように成長し成熟できるのは「ほとんど女性がおこなっているたくさんの世話と重労働のおかげであるということは、わたしたちの誰もが知っている」とオーキンは指摘している。[*65] それにもかかわらず、正義論者が労働について論じるときは、それは市場における賃労働のみを意味している。それゆえロールズを筆頭とする正義論者に対してオーキンは「女性がジェンダー化された家族のなかで子どもたちの養育と社会化、安息の場である親密な領域を提供するという不払い労働をつづけていることを、彼ら〔正義論者〕は考慮に入れるべきであろう」[*66]と異議を申し立てている。

さらにこうした正義論の不備に基づく男女間の不平等を是正するためには、①脆弱な人たちの保護と、②ジェンダーを前提にしない社会の確立、が要求されるとオーキンは考えている。

まず①に関しては、公共政策と法が、子供のケアに対する親の責任の共有化（平等に共有された親業）を前提にし、かつ促進すべきであるとオーキンは唱えている。[*67] このための施策として、育児休暇を母親と父親が同じ期間利用可能にする、子供が一歳になるまでの間短時間で働くことや、就学するまではフレックスタイムや労働時間を短縮する権利の付与、企業内保育所の確保、ジェンダーの政治を十分理解できるようになるための教育コースの学校での用意、等を挙げている。[*68]

次に②だが、ジェンダーがない社会とは男女が共に賃労働と家事労働を平等に負担する社会であるが、男性と女性が分業することを望む場合（伝統的な婚姻関係）であっても、女性が脆弱な立場に陥らないようにする施策が必要となる。

そこで重要となるのは、家族の中のメンバー（多くは夫）が市場において所得を獲得することが可能となっているのは、家事や育児をしてそれを支えているメンバー（多くは妻）の存在があるからであるという（当たり前の）思考法を浸透させることである。家庭内の労働を多く担っているメンバーは家族の幸福に十分貢献しているのであり、賃労働を多く担っているメンバーと同じように、「きちんと稼いでいるという法的・社会的認識をもたらす」ための、正義にかなった財の分配システムを構築すべきであるとオーキンは主張している。[*69]「この社会は金銭の獲得に非常に重きを置いていることを考えれば、給料は二人の人間が平等に稼いだものだという認識の重要性を、私たちは主張すべきである」[*70]というオーキンの考えは、雇用主が賃労働者のパートナー（多くは夫）と不払いの家庭内労働を行なっているパートナー（多くは妻）双方に対して平等に給料の支払いをする[*71]という大胆な施策につながっていく。

私たちの社会のような「労働中心主義社会」にあっては、働いて所得を得ることが人間にとって最も重要な活動であり、所得を稼ぐことができない活動はそれより価値の低いものとみなされている。こうした活動についての階層意識が家庭内に持ち込まれると、強者が弱者を搾取し、支配するという市場の領域での権力関係が、家庭においても再現される。すなわち、賃労働をしているパートナーが、そうでないパートナーに対して不当な権力（DV、夫婦間レイプ、家庭の財産権の支配、家事負担の不平等な分配）を行使するという事態が生じることになる。

オーキンの見解としては、上述の二つのうち「ジェンダーのない家族」の方が、より正義にかなっているとしている。その理由としては、①女性にとって正義にかなっている、②女性と両性の子どもの双方の平等な機会を保障する、③正義にかなった社会の市民を育成するためのより望ましい環境を作り出すという三点を指摘している。[*72]

またオーキンは、ジェンダーのない社会にあっては、「子どもたちはよりよい人生のスタートラインに立つことができ、貧困から逃れ、貧困に陥ることを避けることができ、多くの場合貧困のサイクルは絶たれるだろう」[*73]と述べ、社会における貧困の連鎖を問題化しているが、これは本書で取り上げたい重要なポイントのひとつでもある。

私たちの社会にあってはどのような仕方で社会格差が生じているのだろうか。次章で社会学者である山田昌弘の分析に基づいて、日本社会における格差の連鎖について考察を行う。

＊1　この二つの自由概念については、アイザイア・バーリン『自由論』の「二つの自由概念」と「序論」を参照。

＊2　ロバート・ノージック、『アナーキー・国家・ユートピア——国家の正当性とその限界』、iページ

＊3　『アナーキー・国家・ユートピア——国家の正当性とその限界』、五二ページ

＊4　『アナーキー・国家・ユートピア――国家の正当性とその限界』第二章を参照。また次の文献も参照。川本隆史『現代倫理学の冒険――社会理論のネットワーキングへ』、四二―四三ページ。

＊5　『アナーキー・国家・ユートピア――国家の正当性とその限界』、二五三ページ

＊6　『アナーキー・国家・ユートピア――国家の正当性とその限界』、二八四ページ

＊7　G・A・コーエン、『自己所有権・自由・平等』、九八―九九ページ

＊8　ジョン・ロールズ、『正義論 改訂版』第一七節「平等を求める傾向」を参照。

＊9　以下の論述は拙稿に依拠している。福間聡「自己所有権から自己所有へ――二つの能力概念の差異に基づいた転換」

＊10　マイケル・サンデル、『民主政の不満――公共哲学を求めるアメリカ・下』、二五一ページ

＊11　マイケル・サンデル、「道徳性とリベラルの理想」『公共哲学――政治における道徳を考える』、二三一ページ

＊12　『リベラリズムと正義の限界』、一〇三ページ

＊13　『リベラリズムと正義の限界』、六〇―六七ページ

＊14　『リベラリズムと正義の限界』、一八四ページ

＊15　『リベラリズムと正義の限界』、二〇七―二〇八ページ

＊16　『リベラリズムと正義の限界』、一八六ページ

＊17　『リベラリズムと正義の限界』、一九七ページ

＊18　『正義論 改訂版』、三五六ページ

＊19　『リベラリズムと正義の限界』、六六ページ

＊20　『リベラリズムと正義の限界』、一七二ページ

＊21　『リベラリズムと正義の限界』、一七二ページ。訳文は一部修正した。

＊22　内閣府「平成二四年度 男女共同参画社会に関する世論調査」を参照（http://www8.cao.go.jp/survey/h24/h24-danjo/zh/z14.html）（二〇一四年三月一九日閲覧）。家庭生活について、夫は外で働き、妻は家庭を守るべきであるか聞いたところ、「賛成」とする者の割合が五一・六％（「賛成」一二・九％＋「どちらかといえば賛成」三八・七％）、「反対」とする者の割合が四五・一％（「どちらかといえば反対」二七・九％＋「反対」一七・二％）となっている。前回（平成二一年）の調査結果と比較して見ると、「賛成」（四一・三％→五一・六％）とする者の割合が上昇し、「反対」（五五・一％→四五・一％）とする者の割合が低下している。

＊23　W・キムリッカ、『現代政治理論 新版』、三一九―三二〇ページを参照。

＊24　ロールズの正義論にももちろん「共通善」という観念は存在するが、それは正義のシステムを維持することで、

人びとに社会的基本財を均等に分配し、各自が自分の善の構想を追求することを可能にすることである。

＊25 アマルティア・セン、「合理的な愚か者」『合理的な愚か者―経済学＝倫理学探究』、一三三―一三八ページ

＊26 **Rawls, J. *Political Liberalism*, Lecture II**を参照。

＊27 アマルティア・セン、『貧困と飢饉』を参照。

＊28 『貧困と飢饉』、二七〇―二七三ページ

＊29 アマルティア・セン、「一億人以上の女たちの生命が喪われている」を参照。

＊30 統計局 世界の統計二〇一一「二―二 人口上位二〇か国の推移（一九五〇、二〇一〇、二〇三〇、二〇五〇年）」(http://www.stat.go.jp/data/sekai/pdf/2011al.pdf)（二〇一四年五月二日閲覧）を参照。

＊31 「何の平等か？」『合理的な愚か者――経済学＝倫理学探究』、二三二ページ

＊32 「何の平等か？」、二四五ページ

＊33 「何の平等か？」、二四九―二五〇ページ

＊34 「何の平等か？」、二五三ページ

＊35 平等の指標として社会的基本財を用いることに対するセンからの批判へのロールズの応答に関しては、ジョン・ロールズ『公正としての正義 再説』「51 基本善（財）の指数の柔軟性」を参照。

＊36 アマルティア・セン、『正義のアイデア』、三七―三八ページ

＊37 『正義のアイデア』、五六五ページ

＊38 『正義のアイデア』、第六章参照。

＊39 『正義のアイデア』、三〇四ページ

＊40 ルートヴィヒ・ウィトゲンシュタイン、『ウィトゲンシュタイン全集八 哲学探究』第一〇七節（九八ページ）

＊41 スーザン・オーキン、『政治思想のなかの女――その西洋的伝統』

＊42 スーザン・オーキン、『正義・ジェンダー・家族』

＊43 本節を執筆する上で、次の文献を参照した。Baehr, Amy R., "Liberal Feminism", *The Stanford Encyclopedia of Philosophy* (Winter 2013 Edition), Edward N. Zalta (ed.), (http://plato.stanford.edu/archives/win2013/entries/feminism-liberal/)

＊44 『正義論 改訂版』、一一ページ

＊45 『正義・ジェンダー・家族』、一六四ページ

＊46 『正義・ジェンダー・家族』、一六七ページ

＊47 『正義論 改訂版』、六四二ページ

＊48 『正義・ジェンダー・家族』、一六一―一六二ページ

＊49 『正義・ジェンダー・家族』、二七九ページ

＊50 たとえば、裁判官・検察官・弁護士の女性比率であるが、平成二三年現在、一七・〇%、一四・一%、一六・九%という割合である（「公益財団法人 せんだい男女共同

参画財団」）（http://www.sendai-l.jp/chousa/pdf_file/5/5-1/5_1_1.pdf）（二〇一四年三月一五日閲覧）。また政令指定都市と国会議員（衆議院・参議院）の女性議員数割合であるが、一七・六％（平成二二年）、一〇・九％、一八・六％となっている（ともに平成二三年一二月）（同http://www.sendai-l.jp/chousa/pdf_file/5/5-3/5_3_1.pdf）（二〇一四年三月一五日閲覧）。男女の大学進学率の割合の推移からみても（内閣府男女共同参画局「本編　第一部第六章　教育・研究分野における男女共同参画」（http://www.gender.go.jp/whitepaper/h20/gaiyou/html/honpen/b1_s06.html）（二〇一四年三月一七日閲覧）、女性の法曹界や政治の分野における社会進出は著しく低いと言わざるをえない。

＊51　ジョン・ロールズ、『公正としての正義　再説』、二九二ページ

＊52　『公正としての正義　再説』、二八六ページ

＊53　『公正としての正義　再説』、二八八ページ

＊54　『公正としての正義　再説』、二九一ページ

＊55　『公正としての正義　再説』、三八九ページの注（52）を参照。

＊56　『公正としての正義　再説』、二九二ページ

＊57　マイケル・サンデル、『民主政の不満——公共哲学を求めるアメリカ・下』、五九ページ

＊58　『民主政の不満——公共哲学を求めるアメリカ・下』、五九ページ

＊59　『貧困と飢饉』、二六四ページ

＊60　『貧困と飢饉』、二六五ページ

＊61　『貧困と飢饉』、二六五—二六六ページ

＊62　アマルティア・セン、『自由と経済開発』、二八—二九ページ

＊63　『自由と経済開発』、三〇ページ、一二九ページ

＊64　『自由と経済開発』、一三〇ページ

＊65　『正義・ジェンダー・家族』、一一ページ

＊66　『正義・ジェンダー・家族』、一一ページ

＊67　『正義・ジェンダー・家族』、二八五ページ

＊68　『正義・ジェンダー・家族』、二八五—二九〇ページ

＊69　『正義・ジェンダー・家族』、二九三ページ

＊70　『正義・ジェンダー・家族』、二九三ページ

＊71　『正義・ジェンダー・家族』、二九二ページ

＊72　『正義・ジェンダー・家族』、二九六ページ

＊73　『正義・ジェンダー・家族』、三〇〇ページ

第3章

「格差」と正義論

ロールズならどう考えるか

本章では「格差」という
インパクトがありつつも、実に曖昧な現象を徹底的に考えてみたい。
一言で語られやすいこの「格差」という概念を
「仕事格差」、「結婚格差」、「家庭格差」、「教育格差」と切り分けながら、
その循環構造（そこから生まれるのは格差の連鎖だ）を捉えていく。
そして、ロールズの『正義論』は、これらの格差へ
どのようなアプローチができるかという思考実験にも挑戦してみたい。

循環して継続する四つの格差

二〇〇四年に発表されるやいなや、大きな反響を呼んだ『希望格差社会——「負け組」の絶望感が日本を引き裂く』の著者である山田昌弘は、続編といえる二〇〇六年の『新平等社会——「希望格差を超えて」』において、「仕事格差」「結婚格差」「家族格差」「教育格差」という現代日本社会における四つの代表的格差を論じている。論じられている内容は前著とほぼ同じであるが、仕事格差と家族格差の間に結婚格差を挟むことで、この四つの格差が循環的に結び付いていることが明確化されている。

その論旨を要約すると、正規雇用者（専門的中核労働者）と非正規雇用者（定型作業労働者）間で、収入や雇用条件、そして社会保障の面において大きな開きがあることによって生まれるのが【仕事格差】であり、その仕事による収入の差と雇用の安定度の違いによって結婚できる者とそうでない者が生じてくるのが【結婚格差】である。その結婚においても家族全体の経済状況に伴い【家族格差】が生じてくる。正規雇用者が形成する家族は安定的であり（正規雇用者同士、あるいは高い収入を有する正規雇用者と専業主婦・主夫のカップル）、子供を育てることに資産と時間を投じることができるが、他方で非正規雇用者同士のカップルから形成される家族は不安定であり、子育てに対して十分な注意を向けることができない。それゆえ現代経済社会において必要とされ、学力と連結している「認知能力」（創造力、想像力、コミュニケーション能力、情報スキル、美的センス）を身につけることができる子供とそうでない子供が生じ、その結果【教育格差】が生まれ、これが再び【仕事格差】、【結婚格差】、【家族格差】……と格差の連鎖（貧困の連鎖）が続くことになる。そしてこの所得の格差は生活の根本でもある「健康格差」の要因にもなっている。[*1]

ではこうした現代日本社会が抱える格差に対してロールズの正義論はいったいどのような理論的枠組みを提示できるのであろうか。本章で考察する問いはこれである。

1 教育格差

矯正原理と格差原理の違い

上述の四つの格差のうち、最もその後の人生に大きな影響与える格差である「教育格差」から考えてみたい。正義の二原理においてこの格差の是正を司るのは「格差原理」と「公正な機会均等原理」である。まずロールズ独自の「格差原理」を考える際に、従来の一般的な平等原理である「矯正原理」との差異を、ロールズ自身の言葉で確認しておきたい。

矯正原理とは、不当な（＝受諾に値しない）不平等は矯正を必要とするという原理である。すなわち、生まれの不平等と自然本性的な〔才能や資産の〕賦存の不平等は不当なものであるため、何らかの仕方で補償されなければならない。したがって、あらゆる人を平等に扱い、正真正銘の機会均等を提供するためには、生まれつきの資産が過少な人びとや恵まれない社会的地位に生まれ落ちた人びとに対して、社会がもっと注意と配慮を払わなければならない、と矯正原理は主張する。偶発性の偏りを平等の方向へと矯正するというのが、その理念である。この原理を追求していくならば、少なくとも人生の一定期間（たとえば学校教育の初等段階）にわたり、高い知能の生徒よりも知能にそれほど恵まれなかった生徒の教育に対して、より多大の資源が費やされることになるだろう。*2

矯正原理とは正義の唯一の規準として提案されたものではなく、あくまで他の諸原理——たとえば、「平均的な生活水準を改善する原理」あるいは「共通善を促進する原理」など——と比較考慮されることにおいてのみ有効なものとなる。しかしながらこの原理に基づく矯正の権利要求は考慮に入れられねばならないし、私たちの正義の構想の基本要素のひとつを表すものとロールズは考えている。ここで注意したいのは、矯正を必要する「不当な不平等」とは、どこまでの範囲をもつものかということだ。ロールズは、生まれ、それに伴う才能、生来の資産までを含めている。

一方、格差原理は、この矯正原理とは異なり、様々なハンディキャップ（不利な条件）を解消する試みを社会に要求することはない。むしろ、格差原理は「最も恵まれない人びとの長期的な予期を改善するべく、たとえば教育に諸資源を配分するだろう」とロールズは論じている。つまり格差原理にあっては、より才能に恵まれた人びとを優遇することで、最も恵まれない人びとの長期的な予期を改善するという目的が達成されるならば、そうした処遇は容認される（もちろん、そうでない場合は容認されない）。

ここでまとめてみると、「矯正原理」は個々の不当な不平等を是正することを要求する、つまり全員をフラットにしていくことを目標としているのに対して、他方ロールズの格差原理はそうした個々の不当な不平等を道徳的な観点からは恣意的なものとして批判するものの、そうした不平等の存在が最も恵まれていない人びとの状況の改善に結び付いているのであれば、社会において存在することを容認するものである。この独特な平等観にロールズの正義論の特徴がある。

ロールズ理論と「グローバル・エリート教育」

格差原理は、生まれつきの才能の分配・分布を（いくつかの点で）共通の資産と見なし、この分配・分布の相互補完性によって可能となる多大な社会的・経済的諸便益を分かち合うというひとつの合意を実質的に表している。生まれつき恵まれた立場におかれた人びとは誰であれ、運悪く力負けした人びとの状況を改善するという条件に基づいてのみ、自分たちの幸運から利得を得ることが許される。有利な立場に生まれ落ちた人びとは、たんに生来の才能がより優れていたというだけで、利益を得ることがあってはならない。利益を得ることができるのは、自分たちの訓練・教育にかかる費用を支払うためだけであり、またより不運な人びとを分け隔てなく支援するかたちで自分の賦存を使用するためだけである。より卓越した生来の能力を持つに値する者は誰ひとりいないし、より恵まれた社会生活のスタート地点を占めるに値する者もいない。*3

第二次安倍政権のもと、文部科学省は小中高校で教える内容や授業時間を定めている学習指導要領を二〇一六年度に全面改定する方針を打ち出しているが、この改定案では、複雑な国際社会を生き抜くためのグローバル人材の育成や、それを見すえた小学校の英語授業の導入など、いわゆる「グローバル・エリート教育」の促進が謳われている。格差原理の理念に基づけば、教育資産は、あくまで不遇な環境におかれている人びとの状況を改善することにつながるよう投下されることが要求されるわけだが、こうした一部の有利な立場の人びとへの優遇策となりうる教育改革が、現実社会において教育の機会に（最も）恵まれない不遇な人びとに便益を与えることまでを射程に入れたものになっているのだろうか。もちろん、結果は、ある程度の時間がたたないとわからないが、ロールズの格差原理からは背反しているように思える。

伝統と愛国心教育のトリック

またロールズは、教育の価値は経済の効率や社会全体の福祉という観点のみから評価されるべきでなく、次のような役割も重視すべきと唱えている。

すなわち、自分が帰属する社会の文化の享受および社会の運営への参画を可能にし、それを通じて各個人におのれの価値に関する確固とした感覚を与えるという教育の役割は、効率や福祉よりも重要だとまで言わないにせよ、少なくともそれらと同等に重要なのである。[*4]

ロールズは教育の役割として、コミュニティの一員であるという意識を人びとに与える点を重視している。自分が所属する社会の文化を理解し、また認知能力を高めることで能動的に社会の運営に参加できる個人を形成することに教育の目的を置いているのである。しかしながら現状は、就職率の幻想に縛られた大学教育を頂点に、あくまで目に見える効率を重視した教育に日本社会全体が舵をきっているように思われてならない。

また上述した学習指導要領の全面改定方針においては、「グローバル・エリート教育」のための英語教育の充実とともに、小中校では道徳の教科化、そして高校では日本史の必修化とともに法律や税などの社会ルールや規範意識を教える新科目である「公共」の導入が目指されているが、[*5]これには奇妙な意図を感じてしまう。伝統を理解し、愛国心を育むことを目指すこれらの教育改革は、エリート層と非エリート層とに二分化してしまう今後の状況において、国民的アイデンティティを発揚することで、人々に対して社会に対する帰属意識を抱かせ、分断を回避するための巧みな方策であるとも解釈しうる。

つまり、非エリート層に対しては、たとえ経済的な地位は不遇なものであっても日本社会の一員であるという意識を持たせることで、社会から離反する、または反社会的な行動をとることを抑制する。他方エリート層に対しては、自分とは異なる社会的な地位にある人々も自分と同じ国民であるという意識を持たせることで、福祉的な政策のための納税の忌避行為を抑制するという狙いが垣間見えよう。

公正な機会均等原理に背反する現代教育

次に「公正な機会均等原理」をもとに教育格差を考えていきたい。そもそも、この原理が実現されているとは、どのような状態なのか。

〔公正な機会均等原理が実現されているとは、〕通常の種類の社会資本を維持することに加えて、私立学校に補助金を交付するか公立学校のシステムを確立するかを通じて、同程度の資質と意欲を持つ人びとに教育および文化の平等なチャンスを保証する努力を政府が続けることを意味する、政府はまた、経済活動および職業の自由な選択における機会均等を強化しそのための費用を負担する。*6

このように教育と就労についての機会を公正に保証することが公正な機会均等原理の目的である

が、前述した「グローバル・エリート教育」と「愛国心のための教育」を推進する現代の日本は、エリート層と非エリート層の分断を深める方向に、つまりロールズが掲げる正義の理念とは逆方向に向かっていると思われる。

果たしてロールズの正義原理は現在の日本社会の教育格差を是正することが可能であるのだろうか。この問題を考える上で、この格差の根本的な原因を指摘したい。

勉強しても努力が報われない社会構造

山田によれば、現在の教育格差の問題の所在は、それほど単純なものではなく、循環構造的なもの、つまり勉強してもその努力が報われない社会構造になっている点にあると言う。[*7]

> 学力低下という現象は、「教育という領域で勉強という努力が報われない」という状況が広がったから起きた現象ではないのか。勉強してもしなくても将来が変わらないと思えば、勉強に身が入らないだろう。そして、勉強の努力が報われないという状況は、一方で、実際に苦労して勉強してもその努力が無駄になり、絶望感に襲われる若者を生み出しているのだ。
> 戦後、高度経済成長を経て、一九九〇年頃までは、「学校教育」は希望の象徴だった。それは、あらゆる生徒にとって、「勉強という努力が必ず報われる」という勉強努力保証システムが構築されていたからである。[*8]

すなわち努力して上の学校に入り、高い学歴を得たならば、それに見合った収入を与えてくれる仕事に就くことができるという「希望」が一九九〇年代前半までは存在したが、一九九八年の金融危機以降そうした希望を持てない若者が増加している。近年の学力低下や学校外の学習時間の減少は、「「勉強という努力が必ず報われる」という勉強努力保証システム」が崩壊してしまったことが原因であると山田は解釈している。それゆえ「教育のドミノ崩壊」が出現している。すなわち、大学を出ても期待通りの就職に結びつくわけではないならば、大学を目指す高校生、中学生に希望喪失感が波及して「勉強する気」を失ってゆくのは当然とも言えるだろう。

ロールズの正義論をこうした日本の教育の現状に応用するならば、あらゆる人を平等に扱い、教育とそれに結び付いた就労の機会均等を人びとに提供するために、不遇な家庭環境にあるゆえに十分な学力を身につけることができていない生徒の長期的な予期（将来の人生に対する見込み）を改善するような取り組みが行われることが、まず要求される。したがって、エリート教育への資源配分も、あくまでそれが不遇な生徒たちの将来的な格差を是正する場合にのみ許されるべきである。

しかしながら二〇一三年のＯＥＣＤ（経済協力開発機構）教育費調査によると、日本の教育機関に対する公的支出は二〇一〇年の国内総生産（ＧＤＰ）に占める割合が三・六％で、ＯＥＣＤ加盟三四カ国中、比較可能な三〇カ国の中で最も下位であった。また平均の五・四％にも達していない。[*9]

このように先進国と比べ、教育機関への支出が低いため、学校の勉強について行けない生徒に対する補償教育等[*10]の取り組みがほとんど行われていない。

家庭が裕福であれば、校外の学習塾で補完的な教育を受けることも可能であるが、実際は学力の低い生徒は家庭が貧しいケースが多いゆえに、そうした対策を取ることができない。塾に通うことができる生徒は既に学力が高い裕福な家庭の子息である場合が多いため、更なる上の学習を目指しての通塾となっている。それゆえ、教育への公的支出が低いままでエリート教育を行うことになれば、社会の二極化・階層化、そして格差の固定化を更に推し進めることになりかねない。

ロールズの正義論から考えると最も重要になるべき、補償教育などによる機会均等の推進は、日本ではほとんど意識されていない。その理由を二点ほど指摘したい。

まず、学力や知能は本人の努力の問題であり、本人の頑張り次第でいくらでも向上させることは可能だと未だに広く信じられているからである。

また、たとえ学校の勉強はできなくても、職人や工員として働くことは可能であるし、高い技術を身に付ければ、正規社員として雇用され、安定した生活を送れるほどの収入を得ることが可能である、といった考えが以前には存在したからである。それゆえ、学力が低いことがその後の各人のライフプランに大きな影響を与えるとは日本ではみなされていなかった。

しかし現在ではグローバル化による工場の海外移転などに伴い、二〇一二年には製造業の非正規雇用率は三〇パーセント近くに達しており[*11]、現今の日本にあっては「認知能力＝学力」が高くないと正規社員にはなれないという現状にある。

そうであるならば、なおのこと、ロールズの機会均等原理と格差原理の重要性に注目すべきであり、それを踏まえれば、生まれつきの能力資産が過少な人びとや恵まれない社会的地位に生まれ落ちた人びとに対して、社会がもっと注意と配慮を払わなければならないことが要求される。「学力の問題」は、ある程度は自己責任の部分があることを認めるとしても、学力を向上させる「機会の提供」という視点まで深く考えたときには、生徒本人やその家族に一任してよい問題ではないのだ。

2 結婚格差と家族格差

未婚率の増加は善の構想の多様化の産物なのか?

次に結婚格差であるが、近年、生涯未婚者の割合が急速に増大している。生涯未婚率とは五〇歳時点で一度も結婚したことがない人の割合を示すものであるが、二〇一〇年時点において、男性二〇・一%、女性一〇・六%と、初めて男性が二割台、女性が一割台に達している。一九八〇年時の生涯未婚率は、男性二・六%、女性四・五%で、三〇年前より男性が約八倍、女性が二倍以上に増えた計算となる。二〇一二年五月一日の読売新聞の記事によると、男女共に九〇年頃から生涯未婚率が急上昇している。年代別の未婚率を見ると、二五から二九歳では男性七一・八%、女性六〇・三%、三〇から三四歳では男性四七・三%、女性三四・五%、三五から三九歳は男性三五・六%、女性二三・一％となっている。[*12]

未婚率の増加という現象が、各人が選択するライフ・スタイルの変容に伴うものであるならば、すなわち各人が自らの「善の構想（人生計画）」を自由に選択していることの反映であるならば、問題はない。従来の、二〇代で結婚をし、子供を二〜三人ぐらいもうけるというライフ・スタイルではなく、独身や事実婚、あるいは同性同士のカップルによる共同生活といったライフ・スタイルを選択することが自らにとって善であると考える人が多くなった結果であるならば、それはリベラリズムが日本に浸透した現れであると解釈することができる。

しかしながら現実は異なっている。確かに本人の選択によって従来とは異なるライフ・スタイルを送っている者も中にはいるが、大半は、いつかは結婚したいと願っていながら結婚できないでいる人たちである。未婚者のうち、「いずれ結婚するつもり」は、男性八六・三％、女性八九・四％で共に九割近くを占めている。独身にとどまっている理由（複数回答）は、二五から三四歳では「適当な相手にめぐり会わない」が男女共に最多であり（男性四六・二％、女性五一・三％）、「結婚資金が足りない」は、男性では三番目に多い三〇・三％で、女性も一六・五％となっている。[*13]

平成二五年版の『少子化社会対策白書』では、男性の就労形態別に配偶者のいる割合を分析しているが、二五から二九歳の年齢帯では正社員の有配偶者率は三一・七％であるが、非典型雇用者（パート・アルバイト、派遣）は一二・五％であり、三〇から三四歳の年齢帯での正社員の有配偶者率は五七・一％、非典型雇用者は二四・九％となっている。[*14] 平成二三年版の『子ども・子育て白書』

は、男性が年収三〇〇万円未満の場合、既婚率が大幅に下がると分析しており、低収入の若者の増加が、未婚率の増加につながっているとの指摘もある。*15

それゆえ未婚率の上昇は、各人の善の構想が多様化したからではなく、雇用状況の悪化による非正規社員やワーキング・プアの若者が増加したことが原因となっている。つまり結婚したくともできない若者が増えているのである。また女性の社会進出が活発になったことが未婚率の上昇につながっている（これはまた少子化の原因とされている）と説明されることも多いが、山田の研究によると、この影響は少ない。

仕事に打ち込みたいから結婚しない女性が増えた、というのがこの説（「女性の職場進出が未婚化の原因である」）の前提である。フェミニズム派の多くは、結婚したいのだけど、両立の条件が整っていないから結婚しないと主張する。反フェミニズム派は、女性の本分は家庭にあると、仕事を続けようとする女性を叱りとばす。

しかし結婚を諦めてまでやりがいのある仕事に就いている女性はどのくらいいるのだろうか。評論家や研究者、マスコミの記者、官僚や大企業のキャリア社員、弁護士など、論壇や政策決定に関わる職業についている人は、仕事自体にやりがいを感じているかもしれない。一九八五年の雇用機会均等法以後、彼らの周りを見渡せば、「仕事に打ち込む女性の大部分」のように見えるかもしれない。私が仕事上関わる女性も、仕事に生きがいを感じている女性が多い。ただ、彼女たちを合計して、「統計的」に未婚率を大きく動かせるだけの人数になるだろうか。[*16]

後述するように山田によれば、むしろ、男性に結婚後の家計を支える責任を求める女性（専業主婦志向の女性）は多く、この責任を果たすことができないと思われる男性を結婚相手として選択しないことが未婚の原因となっている。

また結婚、出産後に仕事を続けたいかどうかは、女性が就いている仕事による。自分が評価される専門的な仕事に就いている人は続けたいと思い、また趣味的な仕事であるならばやっても良いと考えているが、正規社員・非正規社員という労働の二極化によって、派遣やアルバイトなどの定型的な仕事が増え、趣味的な仕事では十分な収入を稼ぐことは難しい。[*17]

愛情があるだけでは結婚を決意することは難しい状況にあり、また子供が生まれることをきっかけとして結婚（できちゃった婚）に至るカップルは、若年層である場合が多く、その後の育児が十分に行われないケース（ネグレクトや児童虐待）もある。

家族の形が変わっている

そしてこのような結婚格差は家族格差へと引き継がれる。

山田は従来の家族のタイプを二つあげている。（一）農家に代表される自営業家族と、（二）戦後一般化する「サラリーマン＋専業主婦」型の家族であり、そしてこの二つの家族形態をベースに、ほとんどの人はいずれかの家族に属し、豊かな生活が築けることを前提として、諸制度が組み立てられていた。しかし、これが壊れてきたのがバブル崩壊後であり、一．高齢者の格差拡大、二．子育て世代の二極化、三．親同居未婚者の将来不安、が今後顕在化することを山田は指摘している。[*18]

少子高齢化社会といわれて久しいが、この山田の指摘を踏まえれば、こうした社会は子供の数が減るだけでなく、結婚しない、またはできない人が増える非婚社会でもある。高齢化によって孫に囲まれて過ごす高齢者がいる一方で、結婚できず、公営住宅で一人細々と暮らす高齢者も増えている。生活困難な高齢者の息子や娘は経済的に成功していないケースが多く、それゆえ親の面倒をみることができない。子供が経済的に成功するためには幼少期からの教育に力を入れなければならないが、そうすることができるのは経済的に豊かなカップルのみであり、そうしたカップルであればそもそも老後になっても生活困難に陥ることは少ない。

こうした家族構造の変化を山田は「『家族主義の福祉社会』の転換期」と表現している。[*19] 戦後高度成長期から現在までの日本社会は、上述した標準的家族を前提として、その家族をまるごと福祉国家と市場システムが支えるという体制をとってきた。しかし、今や「家族が経済格差を縮める以上に、『格差』の源になるケースが目立ってくるという『問題』があり[*20]」、リスクの震源地としての家族という厳しい指摘もしている。

さらに、山田は、女性の「夫は収入に責任を持つべきだ」という意識の高まりを示しながら、専業主婦志向の高まりも指摘している。[21]

山田が指摘するように、結婚格差の原因が「女性が男性に家計を支える責任を求めるという意識」にあり、そして本人の経済力格差が家族生活の格差となり、家族形態が経済格差を拡大させる要因となっているならば、こうした二つの格差の原因に対してロールズの正義論はどのような応答をすることができるのだろうか。

ロールズの家族観——社会的不平等の再構成は可能か？

ロールズは家族という組織が人びとの人生の見込みに与える影響を次のように論じている。

その上なお、少なくとも何らかの形態の家族が存続する限り、公正な機会の原理は不完全な形でしか実行できない。生来の潜在的諸力がどれほど発達し結実するかの度合いは、あらゆる種類の社会的な条件と階級ごとに異なる態度によって影響をこうむる。努力しようとする意欲、挑戦する意欲、さらに（普通の意味での）功績や資格を手に入れようとする意欲といったものでさえ、幸福な家庭と社会的情況とによって決まってしまう。[22]

家族というものが、「公正な機会均等原理」の足かせになる場合があることをロールズは指摘している。

また正義にかなった社会においては最大限配慮されるべき人びとである最も不遇な人びとの例としてロールズは「未熟練労働者」を以前は挙げていたが、一九九九年の改訂版にあっては、以下のようにその定義において家族が関わっている。

考えを定着させ〔て捉えやすくす〕るため、最も不遇な人びとを、三種類の主要な偶発性のおのおのに最も恵まれていない人びととして選出することにしよう。すると、このグループに含まれるのは、(一) 生まれ落ちた家族および階級が他の人びとよりも不利な人びと、(二)(実現された) 自然本性的な〔才能や資産の〕賦存がそれほど豊かな暮らしを許さない人びと、(三) 人生行路における運やめぐり合わせがあまり幸福な結果をもたらさない人びと、となる。*23

さらに、恵まれた社会的地位に自分が現在あるのは、自らの努力の賜であり、不遇な状況にある人びとは努力しなかったからだ、という考え方をロールズは批判している。努力できる能力自体もどのような家庭環境に生まれ落ちたのかに大きく依存している。

〈おのれの能力を磨き上げる努力を可能とする優秀な性格特性を、私たちは受け取るに値する〉というのも同じく疑わしい。なぜならば、そのような性格特性を持てるかどうかは人生の初期においてどれほど裕福な家族のもとで育つか、どのような社会情況に囲まれるかによって、大きく左右されるのであって、そうした家族や社会情況を手に入れたのは自分たちの手柄（credit）によるとは主張できないからである。[*24]

このように、ロールズの正義論においては、家族というものが、公正な機会均等原理を真に実現するにあたって、足枷となりうるおそれがある。では、個々人のその後のライフコースに大きな影響を与える家族制度の廃止が必要であるのかという問いに対しては、次のように答えている。

公正な機会〔均等〕原理を首尾一貫して適用することは、人びとをその社会的な地位の影響力から独立した存在として見極めることを要求する。しかし、この原理の通用はどこまで拡張されるべきであるのだろうか。公正な機会（これまで定義されてきたような）が充たされているときでさえ、家族〔制度〕は個々人の間に不平等なめぐり合わせをもたらすであろうと思われる（第四六節）。ならば、家族〔制度〕は廃止されるべきであるのだろうか。機会均衡の理念それだけを取り上げて、これが有するある種の優位・至上性を鑑みるならば、この理念は家族廃止の方向に傾く。しかし、正義の理論全体の文脈におかれた場合、そうした方針を採用する切迫性はかなり低い。格差原理を承認することを通じて、〈リベラルな平等〉のシステム内部で構想されてきた社会的不平等の諸要因の見直しが迫られる。そして、友愛と矯正（正義回復）の原理に対して相応しい重要性が付与されるならば、生来の資産の分配・分布および社会的情況の偶発性は、より容易に受け入れられるものに変わる。すべての社会的障壁が取り除かれさえすれば、私たちは他の人びととともに平等なチャンスを享有することになり、それゆえ社会的不平等は、私たちの暮らし向きがもっと良かったらと反実仮想して意気消沈するようなものではなく、むしろ私たちの相対的利益となるべく構成されている。*25

ロールズはたとえ公正な機会均等原理を真に実現するためには家族制度の廃止が必要ではあるとしても、正義の理論全体の文脈に置くならば、そうした方針を採用する危急性は極めて低いと考えている。その理由は、格差原理に基づく諸制度によって、家族制度が生み出す不平等を個々人にとって相対的に利益となるものと構成し直すことができるからであると言うのだ。

それはいったい、どういうことなのだろうか。

たとえば、運良く恵まれた家族の中で認知能力が育まれて成長した人々は、学卒後高い収入を得ることになる職に就く可能性が高いが、彼らはそうした利益のすべてを自分のものとすることはできない（もしくは、自分たちの家族だけに還元することはできない）。なぜなら「格差原理」によって要求される課税による再分配制度によって、運悪くそうした能力を身に付けることができなかったため不遇な状態にある人々（もしくは、そのような人々を抱える家族）に対して、その生活状況の改善を行うための資産分配が行われるからである。つまり、社会的不平等を是正するための「再構成」がなされるというわけだ。

このようなロールズの格差原理は、現実的に有効に機能しうるのだろうか。「社会的不平等は、私たちの相対的利益となるよう構成されうる」のだろうか。

現在の日本で安倍政権が推進しているアベノミクス（成長政策と経済安定化政策）を、この視点で検討してみたい。

アベノミクスは大企業や富裕層の経済状況を好転させることで下にその利益が落ちてくる、いわゆる「トリクル・ダウン」を狙っている政策であるため、社会において最も恵まれていない人びとの状況の改善にこの政策はつながることがあるかもしれない。しかし、これは効果が出たとしても、たまたまの結果でしかなく再構成された結果ではない。ロールズの正義原理が目指しているのは、所得再分配政策による、より根本的な社会の公正・公平化である。このように社会的不平等の構成の方向が異なるため、アベノミクスをロールズが支持することは（もちろん）ない。やはり、ロールズの格差原理の、現実的な運用は難しいのだろうか。

3 仕事格差

格差の契機はグローバル化

こうした「教育格差」「結婚格差」「家族格差」という三つの格差の根本的な要因となっているの

が「仕事格差」である。なぜなら、そこで生まれる所得による経済格差が、結婚、家族、教育など本章で検討しているすべての格差の端緒になっているからだ。パート、アルバイト、派遣・契約社員といった「非正規の職員・従業員」の割合が近年増加していることについては本書でも何度も言及しているが、これは日本の経済不況が原因であるというよりも、グローバル化による産業構造それ自体が変化したことに起因していると山田は論じている。[*26]

大量生産・大量消費のオールドエコノミーの下では、企業に就職し、まじめに努力しさえすれば、昇進昇給できた。高卒で企業の工員になれば、職長から現場の管理職へと昇進できたし、文系大卒なら、平社員から始め管理職への途が開けていた。学歴や能力の差はスタートライン、昇級スピード、到達点の差として現れたが、ほとんどの人が昇進でき、収入増が期待できるという点では、差がなかった。

しかし、一九九〇年頃から顕著になるニューエコノミーでは、企業内で仕事を覚え、昇進していく職は徐々に減少する。高度に専門的な知識や技能を持った人材が必要になる一方、指示通りに単純作業をこなす人々を大量に必要とする。[*27]

それゆえこの非正規雇用者の増大というのは日本だけの現象ではなく、先進諸国にあってはどこであっても生じている問題である。経済のグローバル化の浸透とＩＴ化が進むことによって、モノを作って売るという工業が主要な産業であった時代から、情報やサービス、知識、文化などを売ることが経済の主流になっている。モノ作りが産業の中心であった時代には熟練労働者を正社員として雇うことに企業側のメリットもあったが、こうしたモノ作りはより廉価で生産できる海外の工場へと移転してしまい、中卒や高卒者であっても正規雇用として雇われる職は日本では限りなく減少している。また急速に発展・普及している3Dプリンターなどは、一点物の製造や製品のプロトタイプの開発といったこれまで熟練職人の手が必要だった領域を更に狭めることが予測されよう。

二極化とその固定化

サービス産業が中心である現在の労働環境は二極化している。

すなわち、一部の専門的中核労働者（ハイスキルの職、生産性が高く高収入、正社員やフリーランス）と、多数の定型作業労働者（ロールスキルの職、生産性が低く昇進なし、派遣社員やフリーター）である。

たとえば、アパレルメーカーは、多くの非正規雇用者である従業員を抱える一方で、世界出店の計画やマーケティング、新素材の開発、そして店舗従業員が使う接客等のマニュアルの作成のためなどに、高度な専門的知識を有した人材を必要とする。そうした人材は、競合他社に引き抜かれないためにも高額な給与を得る正規雇用者となっている。それを企業側から見れば、こうした高度な能力を有した人材でないと正社員として雇用するメリットはほとんどないとも言える。

店舗従業員は作成されたマニュアルに従うだけの能力があれば十分であり、またそうしたマニュアルのお陰で、特別な能力や熟練を必要とせずとも、誰もが店員として働くことが可能になっている。それゆえ仕事のマニュアル化は多くの人、特に若者の就労の機会を増やしたといえるが、このことは裏を返せば、取替え可能な存在としてそうした従業員は企業によって扱われているということだ。

そして、こうした産業構造が進展している状況にあっては、現代日本における非正規雇用者の割合は、たとえ経済が上向きになっても大幅に減少するとは考えにくい。格差は固定化していく方向にある。

また上述したように、専門的中核労働者となるか、それとも定型作業労働者になるかは、幼少期の家庭環境によってある程度決定される。山田は、新しい社会において必要な「認知能力」（創造力、想像力、コミュニケーション能力、情報スキル、美的センス）は、親の知的センス（親が読書しているか、両親が知的な会話をしているか、親がコンサートや博物館、美術館などに連れて行っているか）で決まるという研究結果を紹介している。[*28]

こうした社会背景を踏まえるならば、非正規雇用者として経済的に不安定な状態にあり、結婚もできず、将来孤独な老後を送らざるをえないという境遇に陥ってしまったとしても、その責任のすべてが本人にあるとはいえないことは確かであろう。

なぜなら、仕事というものの社会の中での構造がまったく変化してしまったからだ。その変化を、ここで再度まとめてみる。

ＩＣＴの進展で労働は二極化し、さらに労働力の需要・供給が一国内で完結できず地球規模で労働問題が広がっている。その結果、製造業は日本国内を去り、人件費の安い途上国を求め移転を繰り返している。そして国内に残る産業はサービス産業がメインとなり、そこでは仕事のマニュアル化によって多くの者は非正規という形でしか雇用されない。そしてサービス産業における非正規雇用者は正規雇用者となる途が限られており、それゆえ国内状況においては二極化が固定化していってしまう。これが仕事格差というものの現実の姿だ。この仕事格差は、結婚、家族、教育の格差に連鎖していくわけだが、これらの格差も同様に固定化していってしまう可能性が高い。

この固定化していく四つの格差に対して、本章では、ロールズの正義論の中から、「格差原理」と「公正な機会均等原理」の観点から検討したが「グローバル・エリート教育」の推進、富裕層から最初に経済状況改善を図っていく「アベノミクス」、これらはいずれも「最も恵まれない人々の長期的予期を改善することを条件として、より才能に恵まれた人びとを優遇することが許容される」というロールズ正義論の肝の後件部分「より才能に恵まれた人びとを優遇すること」の部分のみの施策である。前件部分「最も恵まれない人々の長期的予期を改善する」の実現を保障するためには、より頑強な政策立案が必要になる。すなわち、諸制度の再構成が必要となる。

本節冒頭でも述べたが、現代日本社会で問題となっている循環する社会格差の根源にあるのは実は「仕事格差」である。それゆえこの格差を是正すれば、教育格差や結婚格差、そして家族格差も派生的に是正されることになるはずである。したがって次の第四章では仕事格差（労働格差）の問題に焦点を絞り、ロールズの正義論に依拠するならばどのような政策を打ち出すべきと主張することができるのか、その可能性を探りたい。

＊1　所得・経済格差と健康格差の結びつきについて論じている近年の文献は数多いが、筆者が翻訳に関与しているものとして、ノーマン・ダニエルズ他『健康格差と正義——公衆衛生に挑むロールズ哲学』を参照。また社会疫学の日本の第一人者である近藤克則の次の二著も参照されたい。『健康格差社会——何が心と健康を蝕むのか』、『検証「健康格差社会」——介護予防に向けた社会疫学的大規模調査』

＊2　ジョン・ロールズ、『正義論 改訂版』、一三五ページ

＊3　『正義論 改訂版』、一三六—一三七ページ

＊4　『正義論 改訂版』、一三六ページ

＊5　47NEWS「（共同通信）一六年度、指導要領改定へ 英語充実、小学校で授業増 日本史必修化が焦点（二〇一三年一二月二九日）」（http://www.47news.jp/47topics/e/248973.php）（二〇一四年三月二四日閲覧）を参照。

＊6　『正義論 改訂版』、三七〇ページ

＊7　山田昌弘、『新平等社会』（文庫版）第九章を参照。

＊8　『新平等社会』（文庫版）、二三七—二三八ページ

＊9　読売新聞「ＯＥＣＤ教育費調査 日本の公的支出最下位（二〇一三年六月二七日）」を参照。

＊10　補償教育（compensatory education）とは「教育の機会均等を実質化し、そのことを通して社会の貧困問題の解決に資することを目的として行われる教育であり、一九六〇年代以降、先進資本主義諸国、とくにアメリカおよびイギリスにおいて採用されるにいたった新しい教育政策の理念である。経済協力開発機構（ＯＥＣＤ）の教育政策提言の一つの基調ともなっている。その理念は、経済的、社会的、文化的に恵まれない家庭的ないし地域的環境に育つ子どもたちは、たとえ平等な学校教育の条件が与えられても、入学前にすでに形成されている学校教育に対する無関心や言語能力の低下などのために、発達の平等な機会を保証されたことにはならないという立場から、そうした〈恵まれない子どもたち the disadvantaged children〉に対して、その置かれた環境の劣悪さ（たと

えば貧困）の程度に比例して教育サービスを傾斜的に配分することによって、彼らのハンディキャップを補償する必要があるというものである。」（黒崎勲『世界大百科事典 第二版』より抜粋）

＊11 厚生労働省「非正規雇用の現状（派遣・有期労働対策部企画課 平成二四年九月）」（http://www.mhlw.go.jp/stf/shingi/2r9852000002k8ag-att/2r9852000002k8f7.pdf）（二〇一四年三月二四日閲覧）の「正規雇用・非正規雇用の労働者の割合（産業別・雇用形態別）」を参照。

＊12 読売新聞「生涯未婚　男性二割突破」（二〇一二年五月一日）を参照。

＊13 読売新聞「生涯未婚　男性二割突破」（二〇一二年五月一日）を参照。

＊14 内閣府「平成二五年版少子化社会対策白書」（http://www8.cao.go.jp/shoushi/shoushika/whitepaper/measures/w-2013/25pdfhonpen/pdf/s1-2.pdf）（二〇一四年三月二四日閲覧）の「第一－一－一七図」を参照。

＊15 日本経済新聞「男性既婚率「年収三〇〇万円を境に差」」（二〇一一年六月一七日）（http://www.nikkei.com/article/DGXNASFS17001_X10C11A6000000/）（二〇一四年三月二四日閲覧）を参照。

＊16 『新平等社会』（文庫版）、二〇七－二〇八ページ

＊17 『新平等社会』（文庫版）、二一〇ページ

＊18 『新平等社会』（文庫版）、二二六ページ

＊19 『新平等社会』（文庫版）、二五二－二五三ページ

＊20 『新平等社会』（文庫版）、二五二ページ

＊21 『新平等社会』（文庫版）、二一二ページ。家計経済研究所の既婚者調査だと、フルタイムの女性であっても八四・六％が肯定的、専業主婦では九五・九％にも上る。山田が行なった若者調査（東京と青森、二五－三四歳、未既婚あわせて）では、六五・六％が肯定的であった。

＊22 『正義論 改訂版』、一〇〇ページ

＊23 『正義論 改訂版』、一三一ページ

＊24 『正義論 改訂版』、一四一ページ

＊25 『正義論 改訂版』、六六九－六七〇ページ

＊26 山田昌弘、『希望格差社会』（文庫版）第五章参照。

＊27 『希望格差社会』（文庫版）、一九六ページ

＊28 『新平等社会』（文庫版）、一六八ページ

第4章

『正義論』と労働

前章で述べた「格差」の循環構造の中でキーとなる「仕事格差」が急速に進む
現代社会では「労働」の持つ意味が従来とは大きく変化してきている。
その「労働」を複眼的に考えていくのが本章だ。
ヘーゲルなどを参照した哲学・倫理学的熟考を出発点とし、
ロールズの構想していた「財産所有の民主制」という社会政策の検討を経由し、
最後は、本書なりの「正しい労働」を導き出していく。

前章で、「労働」の形態の大きな変化とともに、それに伴う仕事格差の解消の難しさを指摘した。本章では、その「労働」というものにさらに深く進んでみたいのだが、次のような方法論をとってみたい。その「労働」と「正義」を抽象的概念のうえから考えてみたい。まずは、変化してきた「労働」の意味を抽象的概念のうえから考えてみたい。具体的政策が重要だとの前提の上で、現実的な制約や条件を離れて（棚上げし）、その地平を離れて抽象的に考えることは――センは批判するものの――やはり大切だ。特に現代社会のように現実的な条件が、これまでのベースから離れて急速に変化している場合は、現実にとらわれることで解決の道が遠く見えてしまう、もしくは見えなくなってしまうことは良くあることだ。ロールズの「無知のヴェール」もそういう意味では、具体から抽象への思考の跳躍を意図しているものと考えられる。そして次に、その抽象概念での「労働」を深く思考した上で、現実の政策に立ち戻っていくつかの提案をしてみたい。

1　経済格差の現状とそれに対する解釈

働くべきか、働かざるべきか「労働」の奇妙な二層化

日本社会は働くことが「当たり前」だった状況から、必ずしもそうとはいえない状況になっている。すなわち現在の日本は、平成八年以降、失業率が三％を常に上回っているため[*1]、事実上の完全

雇用状態では無くなっており、すべての就労希望者が働くことができる状況にない一方で、もし適切な富の再分配が行なわれたならば、働けない者・働いていない者でも一定水準以上の生活を送ることを可能にできるほど、今の日本は豊かな状態にあるとも、言えるのではないだろうか。

その論拠として、ひとつの考え方を示してみよう。もし、経済格差を是正するために、現状の金融資産を政府がすべての国民に再分配するという大胆な政策が施行されたとする。日本の家計の金融資産残高は二〇一三年末で一六四五兆円であるが、[*2] これを現在の日本の人口（一億二七二九万八千人）[*3] で単純に頭割りすると、一人あたり、約一二九〇万円程度の資産が配分されることになる。この発想は、少々乱暴に見えるかもしれないが、この後述べていく金融資産を中心にした現状の富の偏在の是非を考えるための、ひとつの視点を示したものである。

さてこのような労働に関して、奇妙な二つの層（働きたいが、働けない一方で、働かなくても生活可能）が生じているような社会にあっては、労働に対してそれまでとは異なった観念が求められている。すなわち、労働することは自己の生存のために必要な活動であり、また社会の発展に資する活動であるとこれまでは考えられてきた。しかし、現在にあっては、労働しなくとも社会的な支援によって生存することが可能であり、またローマ・クラブによる『成長の限界』の報告以来、環境問題を踏まえるならば、現在の形での過剰な生産活動としての労働を継続することは、将来世代の社会の発展に寄与しないこと、社会のサステナビリティ（持続可能性）にとっては必ずしも望ましくはないことはほぼ明らかになっている。

人口と資本がまもなく成長をとめなければならないという議論には、多くの反対があるかもしれない。しかし、この地球上で物質的成長が無限に続くと考える人はいないであろう。人類の歴史の現時点においては、人間活動のほとんどすべての領域において、上述の選択の余地がある。人類は、限界を自分で設定し、人口と資本の成長を引き起こす巨大な圧力を弱めるか、あるいは逆の圧力を設けるか、あるいはその両者を組み合わせることにより、望みのときに成長を停止することがまだ可能である。このような逆の圧力は、おそらく必ずしも快適なものではないだろう。それは、何世紀にもわたる成長によって人類の文化に深く刻み込まれた社会的・歴史的構造に根本的な変化を及ぼすにちがいない。もう一つのとりうる道は、技術の対価が社会の支払いうる以上になるまで待つか、あるいは技術の副次的効果が成長自体を抑制するまで待つか、あるいは技術では解決のできない問題が発生するまで待つことである。しかしこうしたことが起こってしまったならば、もはや成長の限界を選択する余地はない。成長は人類の選択できない圧力によって停止し、世界モデルが示すように、社会が自ら選択して成長を停止させる場合よりも、はるかに悪い状態になっているであろう。*4

ではこうした状況において「働くことの意味」とは一体なんであろうか。この問題を考察する前に、日本における社会・経済格差の現状や雇用の問題を瞥見し、この問題に対するリベラリズム、リバタリアニズム、コミュニタリアニズムによる応答を考察したい。この三者の立場でこの問題に対する全ての回答が示されるわけではないが、この三つが現代を代表する政治哲学であるということは妥当であろうし、特にコミュニタリアニズムは、サンデルのおかげで人口に膾炙してもいるため、私たちにとっても馴染み深い指針を与えてくれると思われる。

富の集中と格差の拡大

現在のアメリカ社会にあっては、富裕層上位一〇%が社会全体の純資産の約七〇%を所有し、[*5] 日本にあっても上位一〇%が総純資産の約四〇%を所有しているという状況にある。[*6] しかし他方で中流家庭の一世帯あたりの平均収入は減少し、アメリカ国民の三分の一は貧困層か貧困層予備軍という状況にある。[*7]

そして、日本でも生活困難者は増加しており、生活保護受給者数は二〇一三年三月に二一六万人を超え、世帯数では一五七万世帯が保護を受けている。また働いても満足に生活できない、すなわちその収入が生活保護水準以下のワーキング・プアと呼ばれる人たち（年収二〇〇万円未満の給与所得者）は平成二三年度の総務省調査の時点において一〇六九万人を超えている。[*8]

こうした格差の拡大は、富裕層が支配する大企業への優遇政策の一環として、人件費を削減するために二〇〇四年の労働者派遣法改定により製造業務において派遣解禁が許諾され、非正規雇用者と若年貧困者が大量に生み出されたことがその一因となっている。

また所得一〇〇億円を超える富裕層の税・社会保険料負担率は一八・九%であり、年収一〇〇万円程度の貧困層の二〇・二%という負担率よりも低い。これは富裕層であればあるほど給与所得よりも金融所得の割合が多く、それらの証券取引についての課税は優遇措置により（給与所得の最高税率は四〇%であるのに対して）一〇%しか課せられていないことに起因している。[*9]

こうした富の集中と格差の拡大に対する批判的な検討を行うにあたって、リベラリズム、リバタリアニズム、そしてコミュニタリアニズムはこの問題に対してどのような政策を支持するのかを以下で考察したい。

リバタリアニズムの主張――「これは正当な格差である」

まずはリバタリアニズムであるが、こうした格差の拡大が市場における自由競争の結果として生じたものであるならば、それは「正当な不平等」であるため、この不平等を是正するための方策をとる必要はないという見解になるだろう。

詐欺や窃盗などによって不正に手に入れた財を元手にしたものでない限り、自由な市場から帰結するどのような不平等も正義に適っていると考えるリバタリアンにあっては、市場経済の効率化を促進するために、さらなる民営化や規制緩和、そして福祉の縮小を主張することになる。

また格差を軽減するための方策として、富裕層に負担の重い税を課し、貧困層に富を再分配することをリバタリアンは否定する。マリー・ロスバードは、こうした再分配政策を「それは犯罪者として一般に認められる者でも望むべくもない、とてつもなく巨大な規模の窃盗ではある。それは、国家の居住者の、あるいは被治者の、財産の強制的没収である」と痛烈な批判を展開している。[*10] 再分配のための課税は富裕者の所有権の侵害に当たるため不正であり、窃盗であると。

現在、多くの国で進められている市場の自由化や、法人税や富裕層への課税の軽減が貧富の格差の要因となっているという批判に対して、一部のリバタリアンは市場経済の規制緩和によって経済成長が促されることによって貧困層に対しても経済的な恩恵が生じるため、彼らの自由を拡大することになる、と反論している。いわゆる「トリクル・ダウン〔おこぼれ〕効果」がそれである。[*11]

また貧困層への援助は個人の意向に、すなわち人びとの自発的な慈善行為に任せるべきであるとも主張している。デイヴィッド・フリードマンは「リバタリアニズムの社会には、社会福祉も、社会保障システムもないだろう[*12]」とまで言い切っている。

彼らの主張によれば、慈善行為以外の方策による救済は人びとへの強制となるため、彼らの自由や所有権を侵害することになるからである。富裕者が十分な資産がありながらも、貧困者を飢えるがままにしておくならば、それは不道徳であるとリバタリアンも主張するであろう。しかし、不道徳的であることが誰かのために寄付を強制することの根拠にはならない。「所有権は慈善の義務に優先する[*13]」というのが彼らの立場である。

アメリカでは「ティーパーティ（茶会）運動」――Tea PartyのTEAは「税金はもうたくさんだ Taxed Enough Already」の頭文字でもある[*14]――と呼ばれる政治運動が起こっているが、この運動はリバタリアニズム思想の具体的なあらわれの一つと見ることもできる。ティーパーティ運動は金融危機への対応や医療保険制度改革など政府の関与・支出を増大させる現オバマ政権に反対する運動となっているが、その端緒は、サブプライム住宅ローン問題をきっかけに生じた金融危機によって経営が破綻したGMやクライスラー、AIGなどの企業に、アメリカ政府が大量の公的資金を投入したことによる。こうした政策に対する抗議からティーパーティ運動が生まれ、フェイスブックなどを通じて米国各地へと広まっていった。ティーパーティは民間企業に対する規制を緩和する「小さな政府」を標榜しており、オバマ政権による国家運営は「大きな政府」であるとして批判している。*15 ティーパーティ運動内部の思想は一枚岩ではないが、歳出削減・減税を主張し、連邦政府には税金をできるだけ使わせないことを要求している点では一致している。

コミュニタリアニズムの主張――「共通性が破壊される」

ではコミュニタリアニズムはこうした経済格差をどう捉えているのだろうか。コミュニタリアンは、リバタリアンと異なり、経済格差そのものに否定的である。その理由は過度の不平等は富裕者と貧困者双方の人格を堕落させ、コミュニティの自己統治に必要な「共通性」を破壊することになるからである。そして、経済格差は、その結果として人びとの自由を侵食すると考える。

富裕者に見られる私事化――公共に対する関心や集団に関わることよりも、自分自身の私的な関心に基づいて行動の基準を変えていく傾向――が強くなることによって、彼らは日々の暮らしにおける公共的サービスへの依存をやめ、私的なサービス（私立学校、民間スポーツ施設、民間業者によるゴミ収集や道路清掃、民間警備員）を購入するようになる。それにつれて、一つのコミュニティ内においても富裕者と貧困者は異なった生を生きるようになり、公共的領域が空洞化してしまうことになる。このような連帯とコミュニティの意識が失われることによって、市民の生活における人格形成的かつ公民的な資源は減少することをサンデルは、「公共空間からの富裕層の撤退は、福祉国家を支える社会的関係性を弱体化させるばかりでない。それはまた、よりひろい意味での公民的美徳を侵食する」[*16]と表現している。

「人格形成的かつ公民的な資源」とは、所得の多寡に関係なく誰もが交流し、民主主義的な公民性の習慣について学ぶことができる公立学校、公立の公園や運動場、図書館、コミュニティ・センター、公共交通機関、国民兵役などの公共的な空間である。

コミュニタリアン、とりわけサンデルのような共和主義的な傾向が強い立場から社会格差に反対する理由は、自己統治のためにはコミュニティとしての共同性を維持する必要があり、そのためには公共的なものを復興させる必要があると考えるからである。たとえば十分な余暇や経済的な余裕、そして雇用の安定などの条件が揃わなければ、市民が政治的公共的活動に参加することは困難になり、自己統治の理念は達成できないため、そうした条件を保証するようなものとして福祉政策が要求されることになる。

しかしながら現状の多くの福祉国家は、どちらかというと行政機構の肥大化と福祉への依存による個人の無力化を生み出しているため、コミュニタリアンは、こうした苦境の打開策を人びとの拠り所となるコミュニティの再構築に求めているのである。

リベラリズムの主張――「自尊の感情が何より重要である」

そしてリベラル派も、コミュニタリアンと同様に過度の社会格差には反対している。しかしその理由は、過度の社会格差は人びとの自尊の感覚を掘り崩す恐れがあり、各人が自己の生を有意義なものとして送ることを妨げるという点に基づいている。彼らは、格差の存在によって、個人の自由や権利を十全に行使することができず、社会におけるチャンス（機会）の公正な平等が保証されず、自らの善の構想を追求することが不可能となるのであれば、そうした格差は是正されなければならないと考える。

ロールズの正義論は、この流れの上にある。そして、その理論は、「社会的基本財」――すなわち私たちがどのような目的（善の構想、人生計画）や価値観を持つ者であっても、人生を送る上で欲することが合理的であるといえる財――を公正に分配することを目的としている。

社会的基本財としてロールズは、自由と機会、所得と富、そして自尊の社会的基礎といった社会的な諸価値を示している。

人びとが自分たちの自尊を確保することは、明らかに合理的である。人びとが満足げに自分の善の構想を追求し、その成就を楽しむことができるためには、自分自身に価値があるという感覚を欠かすことができない。自尊は合理的な人生計画の一部というよりはむしろ、自分の計画は成し遂げるに値するという感覚に相当する。ところで私たちの自尊は通常、他者が示す敬意に依存している。私たちの奮闘努力は他の人びとから尊重されていると感じるのでない限り、私たちの目的が促進するに値するという確信を維持することは、不可能ではないまでも難しい（第六七節）。それゆえこの理由から、市民としての礼節をもって互いを扱い、自分の行為の根拠を——とりわけ他者の権利要求を斥けようとするときに——自発的に説明することを求める、相互尊重の自然本性的な義務を当事者たちは受諾することになろう（第五一節）。さらに、自分自身を尊重する人びとは互いに尊重しあう傾向が強く、逆もまた同じであると想定できよう。自己卑下は他者の侮蔑へといたり、嫉みがそうであるように、他者の善を脅かす。自尊は互恵的な自己支持・自活（reciprocally self-supporting）をもたらす。[*17]

ロールズがリバタリアンやコミュニタリアン、そしてその他のリベラル派の哲学者と異なるのは、前述の引用で詳細に述べている「自尊の社会的基礎」を人びとに平等に分配すべき対象として最優先に捉えている点である。ロールズは自尊の重要性を、自分自身に対する価値についての揺るぎない意識と共に、自らが決定した善の構想（人生計画）は貫徹するに値するという確信を我々に提供する点に見出している。自尊を有していなければ行う価値があると我々に思われる事柄は何もないであろうし、もしある事柄が我々にとって価値あるものであるとしても、それを追求する意志を我々は欠くことになる、と。

そしてこのような自尊は、我々は社会の十全な協働的成員であるという自負心に根差している。それゆえロールズは、誰もが社会の一員としてその責務を負うことができ、ひいては誰もが自負心を抱きうることを保証する政策として、現行の福祉国家とは異なる政府の在り方を構想している。それが——本書でも何度か言及した——「財産所有の民主制」である。これは重要な概念なので後述したい。

非正規雇用と職業選択の自由への応答

次に、経済格差の拡大と共に、現在大きな問題となっている非正規雇用者の増加について、この三つの立場はどのような応答をしているのかをみていく。

日本の現状の法律にあっては一度正規社員として雇用されたならば、企業において解雇することが難しく、それゆえ経済状況の変化に応じて柔軟に解雇することが容易な非正規社員として若年者を雇用する割合が年々増加しており、それが社会・経済格差の一因となっているという指摘がある。また失業率の上昇という雇用状況の困難さに乗じて従業員を使い捨てにする、いわゆるブラック企業の存在が現在、問題視されている。

このような状況に対してリバタリアニズムは、雇用の問題に関しても、政府の介入は個人の自由を不正に侵害するとして反対するだろう。たとえば最低賃金法であるが、雇用主の支払う賃金がいかに低額であっても、労働者にそれを受け取る気があるなら、政府にはその支払を禁ずる権限はない。最低賃金法の存在は労働者を保護するよりも、雇用主側の足かせとなって技能の未熟な若者や貧困者、そしてマイノリティの雇用を阻害している。また正規雇用と非正規雇用を待遇の面で差別したとしても、国家はそれを防ぐ権限を持たない。労働者の方で非正規雇用契約に同意したのであればそれは個人の自由の問題となる。

また職業についての国家による資格要件（医師、弁護士、理容師等）も職業選択の自由への間違った介入となる。技量は低いが格安で医療や理容のサービスを提供する者がおり、そうしたサービスを自分の意志で購入する顧客が存在するならば、政府にはその取引を制限する権限はないのである。市民の保護や安全の観点から政府が介入を行うことも個人の自由の侵害に当たる。おそらくリバタリアンの主張はこのようなものとなろう。

これに対してリベラリズムは、こうしたリバタリアン的な自由の保障は個人の自由を結局は侵害することになるとして、政府による積極的な介入を支持するであろう。一般的にリバタリアンは人びとの自由が最大限保証されるべきことを唱導するものの、自由を行使する適切な条件が人びとに与えられているのかについては配慮していない。たとえば、市場におけるAさんの自由で適法な行為（経済活動の自由）からの帰結として、自らの行為の選択肢（たとえば就労の機会）がほとんど無い状態にBさんが置かれ、特定のことを行うBさんの権利（勤労の権利）が制限されるとしても、Bさんの自由自体（職業選択の自由）は妨げられてはいないとリバタリアンは唱導するであろう。

リベラル派は、リバタリアンが擁護するのは、「形式的自由」の平等な保証のみであり、「実質的な自由」が人びとの間で平等であるか否かについては関心を払ってはいない、と批判している。政府は金融緩和や公共事業といった介入政策によって完全雇用を目指し、労働環境に関わる法整備を行うことで企業と個人の交渉力の非対称性を解消し、それによって劣悪な状況下で労働に従事せざるをえないという自由のない状態（賃金奴隷）から人びとを保護すべきである、とリベラル派であれば主張するであろう。

またリベラル派の中には、人びとの自尊を尊重するという観点から「ベーシックインカム」のような所得保障政策を支持する者もいるが、これも後述する。

このようなリバタリアニズムとリベラリズムの対立に対してコミュニタリアンは、少し違う観点から雇用の問題を捉えている。安定した雇用は、公民的美徳の育成を育むとサンデルは考えている。失業は経済的な問題だけではなく、社会的な問題でもある。「仕事がないと収入もないというだけではなく、市民として共同の生活を他の市民と分かち合えないこと」が最も問題であるとサンデルは捉えている。[*18]

適正な賃金の下で働くことは、自足の意識、コミュニティの生活に参加しているという意識を我々に与え、自己統治や市民道徳の重要性を我々に教示する。市民の性格は仕事によって形成されるという見解をコミュニタリアンは支持している。それ故、一部のリベラル派が擁護するような無条件の所得保障政策に対して、受給者の市民的能力を損なうとしてコミュニタリアンは批判的である。なぜならこうした政策は同胞市民の厚意にすがり、受給者を「依存と貧困の奴隷」にしてしまうからである。[*19]

また職場における正義を考える際には、リバタリアンであれば労働者が労働と賃金を自由に交換したかどうか、またリベラル派であればこの交換が公正な条件の下で行われたかどうかを考慮するであろうが、コミュニタリアンの重視するポイントは、労働者が行う労働がその人の本性に適したものかどうかであろう。コミュニタリアンにあっては、危険性が高く、反復的であり、長時間拘束され、やり甲斐を欠く仕事は、人間性を損なうため正しい仕事ではなく、奴隷制と同様に正義にもとるのである。

さてここで、経済格差や雇用の問題に関してここまでの流れを大きく整理したい。

まずリバタリアニズムにあっては、(原始)取得の正義と移転の正義が充たされているならば、すなわち最初に財を取得する際に盗みなどの不正が存在せず、そしてその財の交換(自由な意志決定による取引)においても強制や詐欺等の不正が存在しないならば、甚大な不平等が社会内に存在したとしても、それは「正当な不平等」とみなされている。それゆえ個人間の自発的な取引から経済格差や雇用格差が生じたとしても、それは不正義ではない。

他方リベラリズムにあっては、経済格差や雇用格差が個々人の自尊を損なう恐れがあるならば、そうした不平等は不当な不平等であると捉えている。しかし、ここでロールズの格差原理を適用するならば、たとえ社会の中に不平等が存在したとしても、その不平等があることによってかえってその社会において最も恵まれていない人びとの状況（自尊も含む）を改善するならば、そうした不平等は正当化される。たとえば、所得格差の存在が再分配制度を介して、最も恵まれていない人びとの一定水準の生活への権利を保障することに寄与していると考えられるならば、そうした不平等は不正なものではなく、正当な不平等と規定される。

そしてコミュニタリアニズムにあっては、経済格差や雇用格差が存在することによって社会内の連帯感が失われ、人びとが共通善を追求することが困難になり、また有徳な公民としての活動を行うことを妨げるならば、不正な不平等となる。反対に、不平等の存在が共通善の追求や市民が有徳になることを促進するならば、そうした不平等は正当化されることになるであろう。

つまり、社会格差・不平等は、リバタリアニズムはもちろん、リベラリズムやコミュニタリアニズムにおいても、ある一定の条件を満たせば「正当な不平等」に転化しうるというわけだ。

2 「働くことの意味」とは

労働は自分自身の分身だ

さて、本節では本書の真髄というべき「労働」と「正義」の関係を、哲学的・倫理学的に熟考してゆきたい。すなわち――本章冒頭で述べたことを繰り返せば――現実の「労働」での諸条件をいったん棚上げし、「労働」の本質に対して抽象的思考を試みるということだ。まず、考えたいのは、我々にとって「働くことの意味」とは何であるのだろうかということだ。この問いを考察する前に、労働についての哲学者の見解を瞥見してみたい。

古代ギリシアにあっては、よく知られているように、労働の位置づけは概して低いものであった。プラトンは労働は国家の階層の中で最も地位が低い生産者が行うものであり、アリストテレスは自由市民ではない奴隷が行うものであると考えていた。中世ヨーロッパではキリスト教の影響の下、労働は原罪を犯した人間に課せられた神への義務と見なされ、それゆえ尊いものとなった。アウグスティヌスは人間に義務として課せられている労働とは「手の仕事」と解釈し、農民や職人の仕事を評価した。トマス・アクィナスは単なる金儲けとして常に批判されてきた商人の仕事も公益のためになっているとして、その仕事もこの労働に含めた。

中世末期になると、ルターは職業召命観を唱え、職業とは神から与えられた使命であり、それゆえ働くことは聖職者の生活と同じく、信仰の実践であり、神聖なものであると主張した。そしてカルヴァンはこの職業召命観と予定説とを結び付け、職業で成功することが神によって救われる者の証であるという考えを広めた。

近代になると、ロックは価値の源を労働に見出し、自然に対して労働が投下されることによって自然は価値を持ち、それまでは人間の共有物であった自然が労働を投下した者の私的な所有物になると説いた。そしてアダム・スミスは労働価値説を唱え、商品の価値はそれに投下された労働の量によって、あるいはそれで購買・支配できる労働の量によって決まると主張した。労働が商品の交換価値の尺度となったのである。

このように古代では、奴隷のものとして低い位置づけがされていた労働が、中世を経て近代になり、重んじられるにつれて、労働を人間の重要な本質とする考えが広まった。こうした労働観を決定づけたのがヘーゲルであり、その立場を受け継いだマルクスである。[*20]

ここで「働くことの意味」を問うにあたって参照したいのは、ヘーゲルである。なぜヘーゲルかというと、彼こそが労働による自己実現と他者からの承認、そして近代社会における貧困と労働の問題について、最も深く考察した哲学者の一人だからである（もちろんこの問題関心はマルクスにも引き継がれ、「労働の自己疎外」の克服が目指された）。

ヘーゲルは『精神現象学』において主人と奴隷の弁証法について語っている。奴隷は主人の命令で労働し、主人はその成果を享受し、消費する。しかし主人は自らは労働をしていないので、その生活は全面的に奴隷の労働とそれが生み出す生産物に負っている。それゆえ、自らの自立性は奴隷の労働に依存しており、奴隷なしには存在できないことを主人が意識するとき、主従の関係は逆転する。労働をする中で奴隷は自立的であることを自覚し、労働において自己を実現しているのである。

労働とは欲望を抑制し、物の消滅にまで突きすすまず、物の形成へとむかうものである。［……］物を否定しつつ形をととのえる行為というこの中間項は、同時に、意識の個性と純粋な自主・自立性の発現の場でもあって、意識は労働するなかで自分の外にある持続の場へと出ていくのだ。こうして労働する意識は、物の独立を自分自身の独立ととらえることになるのである。

［……］かくて、一見他律的にしか見えない労働の中でこそ、意識は、自分の力で自分を再発見するという主体的な力を発揮するのだ。*21

つまり、労働による生産物は自己の外に出た自分自身であり、この自己自身である生産物が他者によって消費される時、この自己の外化は止揚される。すなわち、消費という他者からの「承認」によって、外化された自己は労働する自己自身に復帰し、自己を獲得するというのである。

つまり、ヘーゲルは労働を自己実現の過程と捉え、人間の重要な本質の一つと考えた。そして、「個々人の労働によって、また他の全ての人々の労働と欲求の満足によって、欲求を媒介し、個々人を満足させる」*22ことが行われている社会としてヘーゲルは「市民社会」（商業社会）を捉えている。

ヘーゲルのトリレンマ

しかし、ヘーゲルはさらに、自己の利益を追求する市民の「欲望の体系」であるこの社会においては、市場システムの構造上の欠陥によって、少数者への富の集中と多数者の窮乏化が生じ、その結果として賤民が発生すると論じている。*23

そして、こうした賤民を慈善等によって救済することは、市民社会の各個人は「独自の活動と労働とによって生計をたててゆく」という基本原理に反することになり、ゆえに自己の労働を媒介にすることなく、生計を保証されることは、人びとの自立や誇り〔名誉〕を損なう。しかし労働の機会を賤民に与えることは過剰生産に陥り、消費の不振を加速させ、少数者の手中に度外れな富が集中するのを、もっと容易にすることになるとヘーゲルは論じている。

貧困に陥ろうとしている大衆をたすけて、彼らなりのちゃんとした生活様式を続けさせるための直接の負担が、富んでいるほうの階級に課せられるか、あるいはそのための直接の手段が、かりに他の公的所有〔富裕な公営病院、慈善施設、修道院〕のうちにあるとすれば、窮民の生計は労働によって媒介されることなくして保障されることになるであろう。しかしこのことは市民社会の原理に、すなわち市民社会の諸個人の自主独立と誇りの感情という原理に反するであろう。――そこで今度は彼らの生計を労働によって〔労働の機会を提供することによって〕媒介するとすれば、生産物の量が増えることになるであろう。そうすると、一方では生産物があり余り、他方ではこれに釣り合った〔それ自身生産者である〕消費者が不足するということになるのであって、これがとりもなおさず禍の本質である。そしてこの禍は、前の直接的方法によっても、後の間接的な方法によっても、ただ増大するばかりである。ここにおいて、市民社会が富の過剰にもかかわらず十分には富んでいないことが、すなわち貧困の過剰と賤民の出現を防止するほど持ち前の資産を具えてはいないことが暴露される。*24

労働をして生計を立てること（自立）が当たり前である市民社会にあっては、貧民に対して施しを与えることは彼らの自尊を損なうことになる。しかしだからといって労働の機会を与えることは結果的に巡りめぐって彼らの窮状に拍車を掛けることになる。

つまり「施し受けることは自尊を損なう」が、「働くことは自らの窮状に拍車をかける」。しかしながら「働かないと生計を営むことができない」。では、どうするか。このトリレンマを止揚する一つの解決策として、「働かなくても自尊を損なわずに生計が営めないのだろうか」という思考にヘーゲルは至っている。

ヘーゲルは、福祉国家による貧民の救済を「労働を介さない」解決策として提案した。すなわち、市民社会には存在しなかったが、福祉国家にあっては法的に認められる「福祉への権利」を人びとに保証するならば、貧窮に陥ってしまった時に労働によらずとも、国の援助によって生計を営むことになっても、人びとの自尊は毀損されることはない。なぜならそれは正当な権利要求の行使なのだから、と。

しかし果たしてそうなのだろうか。ヘーゲルも指摘しているように、労働には生計を維持するという機能だけではなく、労働による「自己実現」や労働を介して他者の欲求を充たすことに基づく「他者からの承認」という契機が存在する。

労働をしなくとも生存が保障されることを福祉への権利という形で政府が保証するならば、人びとの自尊は損なわれてしまうということは本当にないのだろうか。

ロールズが労働中心主義からの脱却を提案する理由

では、今述べたヘーゲルのトリレンマのベクトルを逆方向に向けてみよう。つまり、「自己実現」や「他者からの承認」とは、労働を経ずしては得られないものなのだろうか、ということを考えてみたい。

倫理学者の柘植尚則は、人が労働に求めるものは生計を維持するための賃金や報酬だけでなく、自立（自由や自主性）、遊び、自己実現や承認であるとし[*25]、さらに「自己実現は政治的活動や文化的活動からも得られる。にもかかわらず、それを労働だけに求めるところから、労働中心主義が生まれる[*26]」という重要な指摘をしている。

また自尊の感情についても同じことが言えるだろう。自尊の感情を最も重んじている哲学者の一人であるロールズも事実、『正義論』にあっては、労働以外の活動も自尊の基礎となり、そうした活動から人びとは自尊の感覚を得ることができると考えていた。そこで、大切になってくるのは卓越主義の拒絶である。[*27]

卓越主義とは、芸術や科学、文化において人間の卓越・美徳を成就することが人間の善を構成すると主張する倫理的な立場である。それゆえ卓越性原理は、文化の達成や完成を効果的に促進することに必要となる振る舞いや制度の観点から人びとの義務を定義するという、正に関する道徳原理である。*28

これは、単純化すれば、あらかじめ定められている唯一の価値や善の成就・完成を目指して社会は統制されるべきという考えであり、この卓越性原理に基づくならば、奴隷制であっても、それが我々の文化をより高次なものへと発展させるために不可欠な制度と見なされるならば、正当化されることになる。

つまり、労働や生産性を人間にとって最も重要な価値であると規定し、そうした価値を促進するように社会の諸制度は編成されることを唱導する「労働中心主義社会」も、まさしく卓越性原理に基づく社会であると考えることができるのだ。

『正義論』を執筆した中期のロールズは、こうした労働中心主義社会に反対していた（社会の効率や生産性よりも正義の実現の方が優位にある）。この卓越性原理が原初状態では、当事者たちにおいて採択されない理由を「善の構想の多様性」を根拠にしながら以下のように論じている。

それというのも、原初状態の人びとは互いの利害関心に何の興味も示さないが、危険にさらすことができない一定の道徳上・宗教上の利害関心とその他の文化上の諸目的が自分たちにはある（もしくはあるだろう）ことを知っているからである。また、彼らは〔各人〕異なる善の構想に関与・肩入れしていると想定されている。加えて、彼らは自分たちの達成目標を促すために互いに対して自らの権利要求を突きつける権利資格があると考えている。当事者たちは、おのれの能力の実現や、おのれの欲求充足さえをも評価してくれる、善の構想を共有していない。複数の制度の中から選ぶための原理として使用しうる合意された卓越性規準を彼らは有していない。［……］彼らは、目的論的な正義の原理によって最大化されるべきものを定める価値基準を是認することで、おのれの自由を危険にさらすことはできない。*29

ロールズは善の構想の多元主義を支持しており、すべての人が唯一の善の構想を共有する事態を想定していない。善の構想とは各人それぞれにおいて多様なものであり、またそうあるべきであると見なしている。ロールズが、労働中心主義社会に疑念を呈しているのは、卓越性原理によって労働が最大化すべき唯一の価値とされることが、市民の多様な善の構想の追求や平等な自由の保証を脅かす恐れがあると考えるからである。

アリストテレス的原理

また、ロールズはヘーゲルのように、労働を介してのみ他者からの承認とこの承認に基づく自尊心が得られるとは考えてはいない。前述の引用にあるように「アリストテレス的原理」という表現を用い、それに適う活動であればどのような活動であれ、人びとは自尊を得ることが可能であると論じている。この「アリストテレス的原理」とは人間の動機付けに関するロールズの見解のひとつである。

他の条件が等しいならば、人間は自らの実現された能力（先天的、もしくは訓練によって習得された才能）の行使を楽しみ、そしてこの楽しみはその能力が実現されればされるほど、その組み合わせが複雑になればなるほど増大する、と。ここでの直観的な考えは、人間はあることにいっそう熟達するようになるにつれて、それをすることを楽しみ、そして同等に巧く行なうことができる二つの活動のうち、より複雑で鋭敏な識別力の幅広い範囲を要求する活動のほうを選好する、というものとなる。[*30]

つまり、人は自分が行える活動の内、安易で粗野な活動（堕落した活動）ではなく、できるだけその獲得に努力を要する能力が用いられる方を選好する存在であるとしている。そして、アリストテレス的原理を充たしていれば如何なる活動も、それは他者が支持し、また楽しんでもいるとロールズは想定しており、これを「アリストテレス的原理の随伴効果」と名付けている。[*31]

アリストテレス的原理を充たしている活動を、他者にとっても有益な、互恵的な活動であると社会的に認めることは、人びとの自尊の社会的基礎となるとロールズは考えている。[*32] すなわち、そうした人びととの活動に基づいて形成される他者とのコミュニティは如何なるものであっても、それはお互いの利害を共有し、またその成員達によってお互いの努力が承認されているコミュニティであるということを保証することが、自尊の基礎となるのである。

このアリストテレス的原理は一部の活動、たとえば学芸や科学といった特別の能力を有した人びとの活動のみに適用しうるのではない。この原理の対象は「つねに個人に相対的であり、それゆえその人の生来の資産や特殊な状況に相対的なもの」である。*33 それゆえ多様な人間的諸活動に適用しうるのである。アリストテレス的原理を充たしている活動であるならば、その活動に参加することを通じて人びとは自尊を得られるとロールズは考えていたのである。

本節の最後に、労働に対してヘーゲルとロールズが抱く見解を整理してみよう。ヘーゲルは市民社会において労働は自己実現や他者からの承認、そして自尊の感情を可能とするものとして人間の本質的活動であると捉えた。他方ロールズはアリストテレス的原理に依拠して、労働以外の活動からもそうした事柄を人びとは獲得することができると考えている。二人の見解は明らかに対峙している。

本書で繰り返し述べているように、「労働」の形態や状況は大きく変化し、すべての人が働くことが可能ではなくなった。そして、それに伴う格差が顕現している。そのような社会状況だからこそ、こうしたロールズの労働を相対化し、労働中心主義に批判的である見解は、現今の世の中において注目に値しよう。*34

ロールズの想定する「労働に距離を置きながらも、社会的な自尊を保つ」、つまり「現行の労働とは異なる活動からでも社会的承認を得る」ことを可能にするためには、市民の誰もが一定程度の財産を所有するシステムが社会に存在することが想定されている。それが「財産所有の民主制」である。

3 財産所有の民主制とベーシックインカム

事前に財を分配する「財産所有の民主制」

前節では「労働」に対する抽象的思考を行ってきたが、本節では具体的政策に関して検討していきたい。ロールズは『正議論』と『公正としての正義 再説』において、現行の福祉国家とは異なる政府の在り方を構想している。それが「財産所有の民主制」だ。

ロールズは、自らの提案する「財産所有の民主制」と「資本主義的福祉国家」すなわち日本やアメリカの現今の国家体制との相違を以下のように述べている。

財産所有の民主制における背景的諸制度は富・資本の所有を分散させ、そうすることで、社会の小さな部分が経済を支配したり、また間接的に政治生活までも支配してしまうのを防ぐように機能する。対照的に、資本主義的福祉国家は、小さな階層が生産手段をほぼ独占するのを許容する。[*35]

財産所有の民主制は各期の終わりに、資産の乏しい人びとに所得を再分配することによって富の集中を防ぐのではなく、就学前や就職前といった各期のはじめに、生産的資産や教育、訓練された技能といった人的資本の広く行き渡った所有を、機会の公正な平等を背景として確保するものだ。この社会保障政策の意図は、ただ単に予期しえなかった出来事や不運によって損害を受けた人びとを「事後」的に援助することにあるのではなく、むしろ「事前」に適切な程度の社会的・経済的平等を地歩にして自分自身のことは自分で何とかできる自律的な立場に全ての市民を就かせることにある。所得の再分配だけでなく、富や資本的資産、そして人的資本の「事前の分配」によって、資本主義的福祉国家における慢性的に福祉に依存する、挫折し意気消沈した下層階級の発生を財産所有の民主制は防止できるとロールズは考えている。

サド・ウィリアムソンはロールズの財産所有の民主制という構想を次のように解説している。

〔財産所有の民主制と資本主義的福祉国家との〕違いは、比較的平等主義的な経済を達成する上で、財の分配・分布における変化に呼応した「事後的な」社会的移転に対して相対的な重要性を〔資本主義的福祉国家は〕付与している点に見出されうる。〔すなわち〕資本主義的福祉国家は経済的な基準値〔最低ライン〕を設定するとともに、全ての市民に一定の公共財（教育、ヘルスケア、住宅）を提供することを目指しているが、これは再分配を目的とした課税（ロールズが「移転」と名付けたもの）によって主として達成される。〔他方〕財産所有の民主制も「最も恵まれない人びと」に経済的な基準値を設定することを目指している。しかしこの政体は更なる目的もまた有している。すなわち、富の異常な集中を防ぎ、財の所有を可能な限り広範に分散させるという目的である。資本主義的福祉国家は社会的な基準値を底辺の人びとに設定することだけを欲しているが、一方財産所有の民主制は上部の人びとの蓄財に対しても制限を設けることを欲しており、それゆえ上部と底辺という両方向から全体的な不平等を削減する、と言えるかもしれない。加えて財産所有の民主制はまた、更なる範囲における再分配にも、すなわち、資本主義的福祉国家に特徴的な所得の再分配のみならず、（人的資本のより公平な分配を保証するとともに）富と資本的資産の再分配にも関与しようと努めている。*36

ここで、ウィリアムソンが言及しているように、金融資本や物的資本の所有を分散するだけでなく、そうした資本を十分に活用し、そうすることで一層社会格差を軽減することを可能にする人的資本の保障も財産所有の民主制は目指している。ここで考えられている人的資本とは第一には、識字能力（literacy）、話し言葉による表現（理解）能力（oracy）、基本的な計算能力（numeracy）である。こうした基礎的能力が人的資本としてすべての市民に最低限必要であることは説明を要さないであろう。こうした能力に加えて、訓練された技能、教育を受けた能力、自分たちの社会の諸制度についての知識や理解力等が人びとに保障されるべき人的資本となる。

確かに、こうした社会体制を実現している国は、もちろんまだ存在していない。また実現した際に生じるであろう問題点としては、こうしたシステムを維持するための財源や富裕層の国外流失、タックス・ヘイブンへの資産移転といったことが考えられうる。後者の二つの問題は本書で扱うには範囲が広すぎるため、システムと財源の問題に絞って以下では考察を行う。

私は——ロールズは直接的には言及していないものの——財産所有の民主制を実現し、それを維持するためのシステムの一つとして「ベーシックインカム」を挙げたい。ではなぜベーシックインカムという社会保障システムが財産所有の民主制にあっては望ましいといえるのだろうか。

「ベーシックインカム」によって「財産所有の民主制」は実現するのか

ベーシックインカムとは社会の各成員に対して一律でかつ定期的に、そして事後にではなく事前に、政府によって支払われる無条件的な所得である。無条件とは、その成員が富んでいるか貧しているかに関わらず、また独身であるのか家族で住んでいるのかに関わらず、そして働く意欲の有無に関わらず給付され、その額は一定であることを意味している。*37

ベーシックインカムを完全な仕方で、すなわち無条件かつ生活を賄うに足りるだけの所得保障を導入している国は存在しないが、日本の民主党政権時代の一時期（二〇一〇年六月—二〇一一年九月）

の「子ども手当」や、英国の労働党政権（一九九七年―二〇一〇年）時代の「チャイルド・トラスト・ファンド（児童信託基金）[38]」は、対象者は子供だけであるが、無条件的な給付となっていた。また部分的なもの（生活を賄うには金額が不十分であったり、世帯主のみが支給されるなど）としては、アラスカ州の「アラスカ永久基金」やモンゴルの「人間開発手当」、イランの「現金補助金」などの実施例がある。これらは潤沢な天然資源（石油や金銀）に関連する利益を運用してその財源に充てられている。また日本においても研究者の間でのみならず、新党日本にあっては党のマニフェストにベーシックインカムの支給が明記されており、政治家やＮＰＯ関係者においてもその議論が盛んになってきている。[39]

完全雇用の実現が政策的に困難である現在のような社会状況にあっては、「政府が最後の雇用主」となって雇用を増やすよりも、人びとが自らの善の構想を追求できる手段としてこうした所得保障の方が望ましい政策であるとベーシックインカムの支持者は主張している。すなわち失業しているとしても社会から排除されず、ベーシックインカムのような制度によって人びとの生を保証することとは社会の一員として認められているということであり、こうした制度の存在は人びとの自尊の基礎となる、と。こうした見解をとるリベラル派にあっては、賃労働を行うことは自律的で理性的な個人を構成するにあたって必須の要素ではないという立場を支持するのである。

ベーシックインカムを擁護する論拠は、各イデオロギーの中にも様々存在するが[40]、その一つとしてヴァン・パリースは、公正な社会にあっては、われわれが各自有している善の構想の実現を推進するための「実質的な自由 real freedom」が公正に分配されなければならず、そのためにはベーシックインカムという分配制度が要求されると論じている。この実質的な自由とは、個々人の権利保障と自己所有のみを包含する形式的な自由とは異なり、人びとが欲するであろうことを行うための機会、すなわち欲するであろうことを実現するための実質的な手段・資産をも保障することを意味している。

ヴァン・パリースは自らの立場を「リアル・リバタリアニズム」と名付けているが、その理由は、リバタリアニズムが要請している各人の自己所有権の保障を実質的なものとするためには、そうした機会の保障までも「真のリバタリアン」であるならば要求するべきであると考えるからである。[*41]

ヴァン・パリースはベーシックインカムを次のように定義している。①その人が進んで働く気がなくとも、②その人が裕福であるか貧しいかにかかわりなく、③その人が誰と一緒に住んでいようと、④その人がその国のどこに住んでいようとも、社会の完全な成員のすべてに対して政府から支払われる所得である。[*42]

つまり、ベーシックインカムという政策はその政治哲学上の立場に関係なく、多様な理由に基づいて採用しうる所得保障政策である。

実は、ロールズ自身は実質的自由の公平な分配という観点からはベーシックインカムのような形態での所得保障を支持してはいない。しかしながら、自尊の社会的基礎を平等なシティズンシップ（成員資格）を実現する上で最も重視するという彼の社会構想に依拠するならば、[*43]彼の構想に基づいてもベーシックインカムを支持することは可能であると私は考えている。
ロールズは、正義の二原理によって経済的不平等と社会的不平等を抑制する理由として、不平等それ自体の悪について言及している。

重大な政治的不平等や経済的不平等は、低い地位にある人々が自他双方によって劣ったものとみなされるのを促すような社会的地位の不平等としばしば結びついている。これは、一方の側に服従と追従の態度の蔓延を呼び起こし、他方の側に支配欲と傲慢を呼び起こしてしまうかもしれない。社会的不平等や経済的不平等のこうした効果は深刻な害悪になりえ、それらがもたらす態度は大きな悪徳でありうる。*44

甚だしい政治的・経済的不平等が存在する社会にあっては、社会的に劣位にある者には服従と追従の態度を、社会的に優位にある者には支配欲と傲慢の態度を呼び起こすかもしれないが、こうした状況にあってはすべての人びとが自尊を持ちうることは不可能であろう。それゆえロールズは、甚だしい不平等はそれ自体において悪であり、抑制すべきと論じている。
したがって、社会的不平等を是正することによって、公共的世界の完全な構成員として、また自由で平等な市民として、社会と同胞市民から承認されているという自尊の意識を人びとに保証するための社会的基礎となる所得の分配システムであるという理由から、ロールズの構想に基づいてもベーシックインカムは擁護しうるのである。

「ベーシックインカム」の財源を何に求めるか

ベーシックインカムという社会保障政策の最大の特徴は、その「無条件性」、「非排除性」にある。通常の社会保障システムは受給者側の資産調査（ミーンズテスト）や働く意志が給付条件とされるが、そのような調査は人びとのプライバシーを侵害する恐れがあり、またこれに伴って受給者を社会の落伍者ないしは他者への依存者としてスティグマ化――他人の蔑視と不信を受けるような属性の付与――する傾向がある。これに対してベーシックインカムはこのような調査が無いため、他の給付制度よりも人びとの自尊に配慮したシステムだと言える。ベーシックインカム政策は、その給付額の多寡よりも、その給付形態自体が人びとの自尊の承認的基礎となりえるのであり、個人ベースで、事前に、無条件で給付が行われるということによって、個々人の自尊が促進されるのである。

このようなベーシックインカムは無償教育（義務教育）や健康保険制度のような既存の現物支給による給付に取って代わるものではなく、それらと相補的と考えられている。[*45] とりわけロールズ的な立場からすると、公教育制度は若年者に道徳的能力と市民的諸徳（市民としての自覚）を身につけさせる場として今以上の拡充が必要になるであろう。また人びとが有している多様で個別のニーズを充たすためにも従来の福祉国家的な再分配は必要であり、そのような制度は存続し続ける。

それゆえ、ベーシックインカムとは、現在行われている所得控除等の現金給付を一元化する施策であるといえる。
ではベーシックインカムを給付するための財源は何に求めることができるのだろうか。ヴァン・パリースはベーシックインカムの主たる財源を所得税に求めている。その理由は現在社会では雇用は既に主要かつ希少な資源であり、正規雇用者は雇用レント――仕事という現代社会にあっては供給不足の資産を専有していることから生じる超過利益――を独占している対価としてベーシックインカムに支出すべきであると彼は論じている。[*46]
また経済学者の小沢修司もベーシックインカム（各個人に一律月八万円）の財源を主として所得税に求めており、それには五〇％の課税率が必要であると論じている。[*47]
他方、ロールズの構想に基づくならば、財源施策は次のようになる。ロールズは個人的な財産に対する所有権は基礎的権利として認めている一方で、天然資源と生産手段一般に対する私的所有権（その取得と遺贈の権利を含んだ所有権）を不可侵の基礎的権利として認めてはいない（また累進的相続税を支持してもいる）。その理由は前者と異なり後者の権利は「自尊の本質的な社会的基礎ではない」からである。[*48] それゆえ、土地、天然資源、工場、製造機械といった資産の現行の所有形態を再編成し、そうすることで生み出される利益をベーシックインカムの主な財源として用いることができよう。
すなわち、財の所有を可能な限り広範に分散させる財産所有の民主制にあっては、すべての市民が生産手段、生産資本の所有者となり、自己の労働に依存しない資産所得を得ることが可能となっ

ている と考えられる。
またこの体制の下にあっては、主要な徴税システムは所得税ではなく、「総合消費税（支出税）expenditure tax」が望ましいとロールズは主張している。なぜかというと消費税の方が正義の常識的な指針——財の共通の蓄えからどれ程持ち出したかによって人は課税されるのであり、どれ程その蓄えに貢献したかによって課税されるのではない——と合致しているからである。[*49]
したがって、ロールズによれば、財産所有の民主制におけるベーシックインカムの財源は、各市民が有している「生産手段からの財産所得」と「消費税」となる。[*50]
すべての市民に「財産所得」を保障するための前段階として——すなわち財産所有の民主制を実現するための施策として——現在不平等に所有されている資産に関して、相続や贈与、そして寄附などによって資産を受け取る側に累進課税を適用し、そうすることで不動産や生産資産が少数の人々に再度集中することを防ぎ、そうした資産をすべての市民に対して個々の財産として平等に分配する——こうしてすべての市民に財産所得を保障する——という流れをとる。
また「総合消費税」は、これまではこの課税の基礎となる個人の一年間の消費支出額をどのようにして正確に記録作成するのかという問題があったが、IT化された現代社会にあってはすべての消費を記録することはほぼ可能であり——たとえばサービスや財の購入はすべて政府が支給したクレジット・カードで支払いするなどして——それゆえ、以前よりも制度化しやすい状況にあるといえるのではないだろうか。

さて、最後に、私が、ベーシックインカムを支持する理由を「ワークフェア」との比較から考えてみたい。

「生活は保障するが労働は保証しない」ベーシックインカムの可能性

我々の社会が安定的であるためには、全ての市民が自尊を有していることが望ましいのは確かである。そして現在の労働中心主義社会にあっては、多くの人は自尊は労働からのみ得られると考えているであろう。しかしながら我々の社会は完全雇用の状態にはない。そこで、資本主義的福祉国家（現在の日本もそうである）は政府による仕事の機会の保証を様々な政策を通じて試みるのだが、ここで問題となるのが、無理に創り出された仕事――すなわち、熟練を必要とせず誰にでもできるジャンク・ジョブ――が有意義な仕事であるのか、である。もし社会にとって必要な仕事であるならば、政府が創り出すまでもなく、既に存在しているはずだからである。「ワークフェア」の問題はこの点にある。

「ワークフェア」とは労働（work）と福祉（welfare）の合成語であり、勤労を条件として公的な給付を認める制度であるが、就労可能な公的扶助受給者に対して労働や職業教育・訓練プログラムへの参加を義務付ける政策を意味している。しかしながらニューヨーク市におけるワークフェア・プログラムで提供される仕事の大半は、公園や道路の清掃、ゴミ収集などであり、また二〇一〇年に大阪市長によって就労可能な受給者に対して提供が検討された仕事は、放置自転車の撤去であった。[*51]

こうした仕事は本人が自発的に、コミュニティのためと思って行うのであれば、有意義な仕事といえるだろうが、給付の対価として強制されるのであれば、苦痛を伴うものであると思われる。また既に存在している職種で政府が雇用を増やすことは、私企業の圧迫となり、更なる失業率の悪化（非正規雇用の増加、ブラック企業の跋扈）を招く恐れがある。

こうした事態を招来するよりも、ベーシックインカムによって「人びとの生活は保障するが労働の権利は保証しない」という政策を採用した方が無難であり、現実的ではないだろうか。そしてこうした消極的な理由のみならず、財産所有の民主制のもとでのベーシックインカムの実施は、労働の概念自体の変容をもたらすことになると私は考えている。「労働中心主義」から脱却し、労働への新たな意味づけをするために、このベーシックインカムは起爆剤となりえるのだろうか。以下、その点を検証してみたい。

4　働かなくても自尊心は保てるのか

具体的他者からの承認か、抽象的他者からの承認か

ベーシックインカムによって「人びとの生活は保障するが労働の権利は保証しない」という政策において問題となるのは、本当に、労働以外の活動からも人びとは自尊を得ることができるのか、またベーシックインカムのような無条件の所得保障政策は自尊の基礎に本当になりえるのだろうか、

という問題である。この二点を再度、検討していく。

以前の私は労働以外の活動からも（その活動がアリストテレス的原理を充たしているならば）自尊を得ることができ、ベーシックインカムは自尊の基礎となりうると考えていた。『ロールズのカント的構成主義』[*52]と『経済倫理のフロンティア』[*53]において私は、ベーシックインカム（基礎所得）は市民のシティズンシップの保障と熟議民主主義の実現のために要求されると論じている。

しかし、安定した仕事が希少財となり、そうした職を得ていることがいわば「特権」と化している現在の状況にあっては、雇用、その結果としての「労働」に対する価値付与が以前よりも増している感がある（教え子の大学生を見ていてもそう感じる）。これは一定レベルの金銭が得られるということはもちろん、それ以外の利益が労働には存していると、多くの人は考えているのではないかという感覚に基づいている。

労働をおこなうことによって働き手が得る承認は「具体的な他者」からの承認であるが、ベーシックインカムが保証されていることによって受給者が抱く承認は社会という「抽象的な他者」からの承認である。すなわち、上述した自己実現や自尊心、そして他者からの承認の機会を、労働は目に見える形で与えてくれる。

そしてこれ以外にも、働くことで我々は社会的な孤立を避けること、すなわち社会的な絆を他者との間で形成することができ、また日々の生活を組織化することで、疎外化に陥っていく際限のない自由を避けることができる。

ヤン・エルスターは仕事が与える非金銭的な利益を次のように説明している。

仕事——所得を提供する定職を有していること——は複数の非金銭的な利益をもたらしうる。仕事は自己実現のための機会を提供しうる。仕事は他者からの尊敬の源となりうるし、それゆえ自尊を生み出しうる。仕事は社会的な環境、すなわち孤立を回避する機会を提供しうる。そして仕事は日々の生活に枠組みを与え、際限の無い自由によって、他者と疎遠になることを回避する機会を提供しうる。*54

さらには、就業者は失業者よりも主要な疾患にかかりづらいという社会疫学的データがあるため、健康をも働くことは与えてくれる。

もしこれらの利益（自尊心、社会からの承認、疎外感の克服、健康）を与えてくれる活動が労働以外にもあるならば、「社会が雇用主」となる必要はなく、人びとがそうした活動を行うことを可能にするための、ベーシックインカム政策のみを政府は施行すればよいこととなる。問題は、今のところ、そうした活動は「労働」以外には無い、という点である。（以前の私の論攷にはこの点についての考察が欠けていた。）

「労働中心主義」からの解放

なぜ無いのか、またなぜ無いといえるのか。

それはこの社会が依然として労働中心主義社会だからである。上述したようにサンデルの共和主義的コミュニタリアニズムは労働中心主義を否定していない。それゆえサンデルは「労働からの解放」ではなく「労働の解放」、すなわち労働の脱労働化、仕事への転化、つまり「労働の転換」を主張している。

サンデルは、合衆国最高裁判所裁判官であったルイス・ブランダイス（一八五六―一九四一）の所見に基づいて以下のように論じている。

> ブランダイスは自由労働を、「賃金との交換で自発的に引き受ける労働」ではなく、「自己統治に必須の人格的資質を涵養する状況下で行われる労働」だとする共和主義的な確信を持ち続けていた。この規準に照らせば、アメリカの工場労働者たちは自由とは言えない。[*55]
>
> 彼〔ブランダイス〕の主要な関心は、当事者の同意を完全無欠にすることや分配的正義を保障することではなく、自己統治の能力を有する市民を形成することにあった。この人格形成的・公民的な目標は産業民主主義的（industrial democracy）決定、すなわち労働者たちが経営に参加し、事業を運営していく責任を分有することによってのみ、達成できる。[*56]

そして、サンデルは、賃労働ではなく自由労働（自営労働）が共和主義的な立場からは望ましいと考えているが、現在の産業社会にあってはすべての市民が自営業を営むことは困難なため、労働者自身が企業の運営に参加できる「産業民主主義」を支持していると思われる。

こうしたサンデルの「労働の転換」路線は確かに望ましいが、資本主義的福祉国家体制にあっては、その実現が困難であることは現状を省みれば明らかであるだろう。

それに対してロールズは、「財産所有の民主制」という包括的なリベラリズムを推進することで、どのような活動でも（公園の葉っぱを数えることでも）[*57]本人の合理的な計画の中で価値を見いだすものであるならば善であり、それが自尊の基礎になりうるとして、労働が最善の人間的活動であるという労働中心主義社会の解体、いわば「労働の解体」を『正義論』にあっては目指していたと思うのだ。

それゆえ、アリストテレス的原理を充たしている活動とそれを中心にしたコミュニティの形成は、人びとの自尊の基礎となりうることをロールズは主張していたのである。[*58]

しかし四半世紀の時を経て、やはり市民の自尊の基礎として働くことが不可欠であるとロールズは考えるに至っている（中期から後期のロールズの思想の展開を考える上で、この変化は無視することができないものである）。[*59]ロールズは「労働の解体」に挫折したのだろうか。

確かに、労働や雇用に対する価値付与が以前より高まっていることが事実であり、それは我々が以前にも増して労働に囚われていることの裏返しとして解釈することができるかもしれない。すなわち、過酷な労働環境であっても働かざるをえないという状況を心理的に合理化するために、労働を最も価値のある活動であると我々は見なさざるをえないのではないのだろうか。そう、「労働中心主義」の吸引力はさらに強まっているのだ。

そんな社会情況のなかで、「労働中心主義」の呪縛から逃れるためには、つまりこの労働に対する過度の価値付与を修正するためには、労働を取り巻く環境の改善という現実的思考と、それと並行して労働の新たな意味づけという抽象的思考の両方を我々は模索しなければならないのではないだろうか。

より深く「労働」を考える——三つの選択肢

そのための選択肢として、三つの立場を挙げうる。

第一に労働中心主義社会を保持したままで「労働の解放」を目指す立場。労働は人間の本質的な活動であるという近代的な考えを修正することはないが、労働環境の改善（職場の民主化等）を通じて、誰もが有意義な労働を行うことができるような状況を生み出す。（若き）マルクス主義、そしてサンデルの共和主義などがこれにあたる。

第二は、同様に労働中心主義社会を保持するが、ワークシェアや普遍的な所得保障を実現することで「労働からの解放」を目指す立場。労働には価値はあるが、辛い活動であり、有意義な余暇の時間をできるだけ増やすことによって古典古代の人間性の回復を志向する。ラッセルや今村仁司[*60]などがそれにあたり、ベーシックインカム論者の多くもこれを支持する。

第三はベーシックインカムを実現することを通じて、労働中心主義社会を解体し、働くことの意味を再構築した上で、生きるために低賃金でも働かざるをえないという状況から「有意義な労働への権利」、並びに「働かない権利」を制度的に保証するという立場である。これが、ロールズの主張する「財産所有の民主制」に基づきながら、私が最も望ましいと考える立場である。

この第三の立場は、「有意義な労働への権利」と「働かない権利」という一見すると矛盾する権利要求を含んでいる。しかしそう見えるのは、ベーシックインカムの施行後にあっても、働くことの意味を以前と同じものとして保持したままでこの二つの権利を理解しているからである。

では、仮にベーシックインカムが実現された後の社会における「働くことの意味」とは一体、何であろうか。この、一種時代を先取りするような（未来を先取りするような）問いを考察する一つの手がかりとして、グレゴリー・ペンスによる労働の三つのカテゴリーへの概念的分類を参考にしたい。ペンスは以下のように労働を分類している。[*61]

「労務（labor）」①反復的であり、②それ自体において満足を与えず、③必要から行われ、④高等な人間的能力をほとんど用いることがなく、⑤どのように、そしていつ作業がなされるかをほとんど選択することができない。

「仕事（workmanship）」①高度な人間的能力の使用を要求され、②作業それ自体に内在的な充足が存在し、③作業におけるある程度の裁量権があり、④自らが生み出した製品・作品に対する誇りを有している。

「天職（calling）」①自らの活動に内在的な快楽を見出し、②そうした活動と自らを同一視でき、③自らに固有な能力がそうした活動を自らに引き寄せたと信じている。

この労働の概念は経済学や社会学的なものではなく、道徳的・価値的な分析となっており、労働よりも仕事、仕事よりも天職の方が望ましい労働であるということを含意している。したがって、①固有な個人的資質の発展と行使、②活動への内在的充足、③仕事を選択できる（必要に迫られての労働ではない）というパラメーターの度合いが高ければ高いほど、その労働はより善いもの、有意義なものであると定義しうる。[*62]

ここで重要なのは、働いている本人の観点——働いている本人の理性的な視点・解釈——が、何が仕事であり天職であるのかを大きく左右するという点である。機械的に職業の種類に応じて（医者だったら天職、靴職人だったら仕事、清掃作業だったら労務、というように）労務、仕事、天職という分類が定まるわけではない。同じ労働でも、人によっては、労務であり、人によっては天職であることがありえる、ということだ。

たとえば、一般的に高い位置づけのイメージ（つまり天職なり、仕事なり）がある大学教授という職業でも日々の教育業務や学内事務、つきあいで書かねばならない論文の執筆に、働いている本人が充実感を感じておらず、むしろ倦んでいるならば、その時の彼の活動は労務である。

一方、宅配便の仕分け作業という典型的な肉体労働——それは一般的には労務というイメージが結び付けられやすい――であっても、子供のおもちゃの梱包等の仕分けにおいて、これはどんな子供に届くのだろう、どんな顔をして喜ぶのかな、自分がこうして働いているから子供たちは笑顔になれるんだ、という思いを持って自分の作業に意義を認めているならば、彼の労働は、その時は仕事となる。*63

またある一定程度の生活水準を送れることが可能であるならば、所得の多寡という条件もまた、その労働が労務であるのか、仕事であるのか、それとも天職であるのかを決める要因とはならない。「非常に高収入を得ることのできる労務」というものがあるわけだ。つまり、あくまで働いている本人の理性的な主観が、今自分が作業していることはどの概念に当てはまるのかを決める大きな決定要因となる。

このような概念をふまえて、ここで私が提案したいのは、ベーシックインカム政策は全ての労働を有意義な労働（仕事もしくは天職）にする土台や機会を与え、かつ働かない権利（無職）をも承認することにもなるという点である。

ベーシックインカムが導入され、生活が保障されるならば、労務と仕事、そして天職の区別は本人の主観による理性的な評価によってなされ、また働かないことを決めたとしても――それが本人の理性的な判断であるならば――「無職」であることがその人の「天職」となる。もちろん無職といっても従来の「賃金を伴う労働」をその人は行わないだけで、自らが選択した「活動」は存在するわけであり、ボランティア活動や地域コミュニティ活動、NPO・NGO活動といった「市民活動」に従事する者もいれば、趣味の活動に専念する者もいるであろう。

ではこうした、「労働」以外に（賃金を伴わない）「活動」という選択肢も出てくるような状況下にあっては「働くことの意味」とは一体、どのようなものになるのであろうか。

「労働」と「活動」が重なり合う「正しい働き方」

ベーシックインカムが実現された財産所有の民主制にあっては、すなわち労働中心主義に対する囚われから脱した時には、自らが意味や価値を見いだす、賃金をともなわない「活動」に従事することもその人にとっての「働くこと」となるのである。

> 正義と善（幸福）とを二つながら実現した社会が必ず物質的に高度な生活水準を伴わなければならない、と信じ込むのは誤りである。人びとが欲するのは他者との自由な連合体における意義のある仕事（meaningful work）であり、正義にかなった基礎的な制度の枠組みの中でこうした連合体が人間の相互関係を統制している。こうした事態を達成するために莫大な富は必要ではない。実際のところ、ある一定以上の富は明白な障害物となることが多く、人びとを無節制や虚無へと誘うものではないにせよ、よくてもせいぜい無意義な気晴らしをもたらすに過ぎない。*64

ロールズが理想とする秩序だった社会——ベーシックインカム政策が実施されている財産所有の民主制社会——にあっては、政治の領域においてのみならず経済の領域においても、民主的な運営・管理が実現され、そこでは、それほど大きな富は必要でないとされている。

そして、その社会にあっては「働くこと」(=仕事)とは「労働」という言葉に代表される経済活動のことだけを指すのではなく、正しい社会を運営してゆく「活動」も市民の重要な「仕事」の一側面となる。それこそが、労働中心主義から解放された「労働」であり、それは「新たな働き方」であると同時に「正しい働き方」なのではないだろうか。

本書第3章で詳述したように、富の再分配という制度面の不備から全ての人が一定の生活水準で暮らすことできない現今の「格差社会」にあっては、働くことの意味を問うことができない状況にある。つまり、この状況において働くことの意味を問うことは、働くことについての誤った観念を招来させる恐れがあるのだ。

誤った観念とはどういう考え方なのか。企業側、労働者側、二つの側面から指摘してみたい。

本章冒頭で詳述したように、社会の維持において(過剰な生産を続けていくというタイプの)労働は以前ほど必要とされていないのは明らかだ。それにもかかわらず、これまでの形式での労働を行うことを——労働こそが価値ある人間の本質的活動であるとして——人びとに(無自覚に)強いる経営は大きな間違いだ。

また、労働者側に立ってみた時には、労働市場においてたまたま自分の経済的価値(それは自分という存在の一部分を構成するものでしかない）を企業や雇用主に見いだされず、それゆえ職を得られなかったことを理由として、自分自身（の全部）に価値が無いと思い込んでしまうことも間違いである。市民としての生活の維持や欲求の充足は――穏当なもの（reasonable）であるならば――本人が働かなくとも各人に保証することは可能であり、また労働と結び付けられて考えられている自己実現や他者からの承認は――確かに現状にあっては労働を介してこれらの事柄は得られることが多いのではあるのが――人びとの生活が多様化している現代社会にあっては、その他の活動においても可能となっている。

現状にあって労働力は以前ほどは必要とされていないこと、そして労働以外の活動からでも自己実現や他者からの承認を求めることが可能となっていること、労働に関するこの二つの概念を、より良い方向での実現へと向かわせるためには――資本主義的福祉国家とは異なる体制である――ベーシックインカムが施行されている財産所有の民主制という新たな体制が有効なのではないだろうか。

5 労働中心主義を乗り越える「正しい労働」とは

社会的関係としての労働

ベーシックインカムが実現された社会にあっては、働くことによって得られる自尊心と社会的な活動に従事することによって得られる自尊心は等価になる。それにより労働は重要な活動ではあるが、特権的な、人間の本質的な活動であるという社会的な固定観念はなくなる。

しかしながら、人びとが「労働」に参加することの大きな役割のひとつに、「社会秩序の形成・維持」というものがある。基礎的な教育を終えた後、社会に出て働き、社会の縮図である企業に属して生活を営むことで、人はコミュニティの一員となるための社会性を身に付ける。[*65] そして労働の対価として賃金が得られることを通じて、努力や克己の重要性や他者から承認されることの喜び、また他者との信頼関係が働く上では蔑ろにできないことを学ぶと考えられてきた。それゆえ定職に就いていない者は社会秩序の攪乱者、人生の落伍者、潜在的な犯罪者であるというレッテルが貼られてきた。

だが、全ての人が定職に就くことができる状況下にない今日にあっては、別の形での活動に社会秩序の形成・維持の媒体を求める必要があるのではないだろうか。

それは何か。そもそも社会秩序や社会の絆の形成においては、労働における「生産以外」の部分が、重要なファクターなのではないだろうか。すなわち、社会的絆は労働による分業と交換に基づく他者との依存関係（つまりこれが「生産」）に由来するのではなく、（「生産以外」の）他者と交わす言葉や振る舞い、共通のルールを考慮することなどによって形成されているのではないのか、ということだ。

また労働中心主義社会にあっては生産性と社会への貢献が同一視されている。すなわち、労働遂行量の多い者ほど、社会の富を増大させ、それゆえ社会にとって有用な存在であると見なされてきた。しかしこの「有用性」の観念自体が問い直されなければならない。財産所有の民主制社会にあっては、正義にかなった制度を支持し、運営してゆく活動を行える人が有用な存在であり、有用な活動となるのである。

皆によって正当であると合意された原理に基づいた諸制度が施行されている財産所有の民主制社会においては、日々のコミュニティの活動（地域のお祭りや運動会の運営・参加、自治会の運営、ご近所の買い物困難者の支援等）や政治的な諸活動、たとえば立憲主義に反するような法が制定されそうにないかどうか、民主主義をゆるがせにする国会運営がおこなわれていないかどうかを常に注意・監視し、選挙やコミュニティの政策問題にあっては「討論型世論調査（deliberative pole）[*66]」の実施に関わるといった活動が、「有用な」活動としてこれまでよりも高い評価を受けることになるであろう。すなわち、こうした他者と言葉を交わし、共に振る舞い、共通のルールを考慮するという社会的な絆を形成する活動が、有用な活動として評価される。そして賃労働に従事していない、またはしているとしてもそれ自体が生活の中心ではない人であっても、こうした活動を行っている人は有用な存在と見なされるのである。

また、ロールズが財産所有の民主制という社会構想を提起するにあたって影響を与えたジェームズ・ミードは、「この社会の本質的な特徴は、仕事はむしろ個人的な選択の問題となるであろう[*67]」と述べ、その多様な価値観を提示している。そこでは、個人は仕事の選択において給料を最も重要な規準と見なす必要がなく、人びとは賃金に囚われずに自分が望む仕事を選択でき、また学芸的な活動も人びとがセミプロ的に従事することが可能になることによって盛んになる。また生活の資を得るために、自分が本当に表現したいものではなく、世間に媚びへつらったような作品を生み出す必要も無くなる。それゆえ安定的な生活を土台に文化的な活動が財産所有の民主制にあっては発展すると考えられている。文化的、学芸的な活動は社会的な効用を直接的には生み出さないが、多様な形態での社会的な絆を形成する「有用な」活動として、今よりも高く評価されることになろう。

絆としての労働

ベーシックインカムが施行されている財産所有の民主制という新たな体制による社会変革が進めば、ロールズが理想とした「秩序だった社会」が生まれてくる。

社会が秩序だっている（well-ordered）とはどういうことかを述べておこう。成員の利益を増進するようもくろまれているだけでなく、正義に関する公共的な考え方が社会を事実上統制している場合、その社会は秩序だっている。すなわち秩序だった社会においては、（一）他の人びとも同一の正義の諸原理を受諾していることを全員が承知しており、かつ（二）基礎的な社会の諸制度がそれらの原理をおおむね充たしており、人びともそのことを知っている。その場合、人びとは互いに過度の要求を出し合うかもしれないが、にもかかわらず、そうした要求事項を裁定するための共通の観点というものを承認している。自己利益を追求する人間の性向によって、お互いに警戒心を抱くことが不可避となるにしても、人びとに備わった正義の公共的な感覚のおかげでともに安定した連合体を組織することが可能となる。本質的に異なる志向やねらいを有する諸個人であっても一定の正義観を共有できれば、市民どうしの友情の幹は確立される。すなわち、正義を求める一般的な願望によって、正義以外の目標の追求が制限されるのである。正義に関する公共的な考え方が人間どうしの秩序だった連合体の基本憲章を制定する、と考えてもよかろう。[*68]

そのような「秩序だった社会」では、まず私達自身が変わることが要求される。華美な生活や財に対する際限のない欲求を慎み、何を所有しているかで人と自分を比較することを止め、他者との協働的な活動や語らいの中に、とりわけ社会や地域コミュニティの活動へ参加し、他者と共にコミュニティを運営してゆくことの中に喜びを見出すような存在へと、私達自身も変化しなければならない。こうした変化は強制によるものではなく、制度の変化に伴って漸次的に生成して来ると思われる。ロールズが『正義論』において市民の「正義感覚」に託していたことも、まさにこうした社会制度による市民の育成である。[*69]

資本主義的福祉国家の下では、家族や友人、恋人以外はすべて、経済的な利得を獲得するという点においてはライバルであり、ケア（配慮）すべき対象ではないという意識を私たちは有している。

そこでは、こうした自己利益を追求する市民が社会の経済的な発展の要であると考えられてきた。

しかしながら「秩序だった社会」の安定性のためには、相互の信頼感、すなわちソーシャル・キャピタルを育むような環境が必要であり、またソーシャル・キャピタルが蓄積された社会にあっては、治安・経済・教育・健康・幸福感などに良い影響があり、社会の効率性も高まると考えられている。

そこでの労働の目的は、『統治二論』においてロックが主張したように、[*70] 共有物であった世界（外的な資源）を自分のものとすること、すなわち排他的な（他者をその使用から排除する）財産に対する権利を獲得することにではなく、他者との社会的な絆を形成し、それを維持することに置かれることになる。

換言すると、他者との社会的な絆を形成し、それを維持することを目的とする活動も〈労働〉と名付けられるであろう。たとえ、それが経済活動としては低レベルだったり、無意味だったりしても。そして、それこそが「正しい労働」ではないだろうか。

そしてこれは、「人間が道具を利用して自然の素材を目的に応じて加工し、生活に必要な財貨を生みだす活動」といった経済的な労働の観念に基づいて人間の本質を捉えるのではなく、「人間的本質は、その現実性においては社会的諸関係の総体（アンサンブル）である」と規定するマルクスにも通ずる、人間の本質についてのもう一つの観念が全面に出てくるものともいえる。[*71]

このように考えてくると「生きることは労働だ」という障がい者運動における主張[*72]も別様に解釈

することが可能となろう。脳性マヒによって、寝返りを打つことさえも一苦労な状況にある人にとっては、生きていること自体が「労働」である、すなわち「骨折り（labor）」であるということをこの主張は含意していた。しかし、障がい者の生存のために介護や自立支援を行うことを通じて、人びとの間にネットワークが形成されることは、もう一つの側面から解釈すると〈労働の発生〉とみなしうる。生きていること自体によって人びとを結びつける活動を障がい者は行なっているのである（同じことは乳幼児や高齢者にも当てはまる）。

そしてこうした公共的な活動が――とりわけ民主的にコミュニティ・社会・国家を他者と共に運営してゆくという政治的活動が――新しい労働のひとつの形ともなるであろう。

*1 総務省統計局「労働力調査 長期時系列データ」（http://www.stat.go.jp/data/roudou/longtime/03roudou.htm#hyo_1）（二〇一四年三月二五日閲覧）の「a―一」を参照。

*2 日本銀行「資金循環統計（二〇一三年第四四半期速報）：参考図表」（https://www.boj.or.jp/statistics/sj/sjexp.pdf）（二〇一四年三月二五日閲覧）の「（図表三―一） 家計の金融資産」を参照。

*3 総務省統計局「人口推計（平成二五年（二〇一三年）一〇月確定値、平成二六年三月概算値）（二〇一四年三月二〇日公表）」（http://www.stat.go.jp/data/jinsui/new.htm）（二〇一四年三月二五日閲覧）を参照。

*4 ドネラ・H・メドウズ他、『成長の限界――ローマ・クラブ「人類の危機」レポート』、一三五―一三六ページ

*5 内閣府「世界経済の潮流 二〇一二年Ⅰ」第二章第三節「二 経済の構造変化と成長の持続性」（http://www5.cao.go.jp/j-j/sekai_chouryuu/sh12-01/s1_12_2_3/s1_12_2_3_2.html）（二〇一四年三月二五日閲覧）の「第二―三―二五図 所得構造・資産保有状況（所得階層別）：富裕層

に集中」を参照。

＊6 小池拓自（二〇〇七）、「家計資産の現状とその格差」『レファレンス』平成一九年一一月号（http://www.ndl.go.jp/jp/data/publication/refer/200711_682/068204.pdf）（二〇一四年三月二五日閲覧）、七五ページの表九参照。

＊7 東洋経済ONLINE「貧困大国アメリカを追いかける日本」中原圭介（http://toyokeizai.net/articles/-/28041）（二〇一四年三月二五日閲覧）を参照。

＊8 国税庁平成二四年分「民間給与実態統計調査」の「（第一六表）給与階級別給与所得者数・構成比」http://www.nta.go.jp/kohyo/tokei/kokuzeicho/minkan/top.htm（二〇一四年三月三日閲覧）を参照。

＊9 この税制優遇措置は、二〇〇三年から時限措置として約一〇年間実施されていたが、二〇一四年一月に二〇%に戻った。

＊10 マリー・ロスバード、『自由の倫理学――リバタリアニズムの理論体系』、一九一ページ

＊11 この「トリクル・ダウン効果」という言い回しは、レーガン政権時代の経済顧問でレーガノミクスを主導したデイヴィッド・ストックマンが用いた表現である。

＊12 デイヴィッド・フリードマン、『自由のためのメカニズム――アナルコキャピタリズムへの道案内』、一ページ

＊13 ジョナサン・ウルフ、『ノージック――所有・正義・最小国家』、二〇ページ

＊14 Ray, Michael, “Tea Party movement,” *Encyclopædia Britannica*, (http://www.britannica.com/EBchecked/topic/1673405/Tea-Party-movement)（二〇一四年三月二六日閲覧）を参照。

＊15 マネー辞典m-Words「茶会運動」（http://m-words.jp/w/E88CB6E4BC9AE9818BE58B95.html）（二〇一四年三月二六日閲覧）を参照。

＊16 『民主政の不満・下』、二六二―二六三ページ

＊17 『正義論 改訂版』、二四二―二四三ページ

＊18 『公共哲学』、一〇三ページ

＊19 『公共哲学』、一〇三ページ

＊20 以上の「労働についての哲学者の見解の瞥見」は、次の文献を参照した。柘植尚則ほか『経済倫理のフロンティア』、一〇―一三ページ

＊21 G・W・F・ヘーゲル、『精神現象学』、一三七―一三八ページ

＊22 G・W・F・ヘーゲル、『法の哲学』、一八八節

＊23 『法の哲学』、二四四節（四六九―四七〇ページ）

＊24 『法の哲学』、二四五節（四七〇ページ）

＊25 『経済倫理のフロンティア』、二一ページ

＊26 『経済倫理のフロンティア』、二一ページ

＊27 『正義論 改訂版』、五八〇ページ

*28 Freeman, S. *Rawls*、四六七―四六八ページ
*29 『正義論 改訂版』、四三四ページ
*30 『正義論 改訂版』、五六〇ページ
*31 『正義論 改訂版』、五六二ページ
*32 『正義論 改訂版』、五七九―五八〇ページ
*33 『正義論 改訂版』、五七九ページ
*34 しかしながらロールズは後年こうした見解を修正するに至っている。『正義論』から二五年を経た『政治的リベラリズム ペーパーバック版』や三〇年を経た『万民の法』にあっては、以下のようにロールズは自身の見解を修正している。社会の安定性のために要求される諸制度の一つとして「社会が雇用主」になることを提言している。

「政府全体あるいは地方自治体、もしくはその他の社会・経済的諸政策を通じて、社会が最後の雇用主となること。長期にわたる安心感や意義のある仕事や職業に就く機会がないことは、市民の自尊を損なうのみならず、自分たちは社会の一員であり、単に社会に巻き込まれているだけではないという感覚も損なうことになる。こうした感覚の毀損は、自己嫌悪や恨み、憤慨を生じさせることになる」(*Political Liberalism*, paperback ed., p. lix、『万民の法』六九ページ)

このように後期のロールズは、自尊や社会の一員であるという感覚が損なわれないためには、有意義な仕事や職業に就く機会が必要であるという見解を表明している。この変化が何に起因することであるのかは今のところ分からない(穏当な多元主義下での社会の安定性のためか、自尊についてのロールズの見解が変化したためか、包括的なリベラリズムを放棄したためか、労働に新たな意義を見出したためか、それとも……)。本書では紙幅の関係上、この問題について論じることはできない。稿を改めて検討したい。
*35 『公正としての正義 再説』、二四七―二四八ページ
*36 Williamson, T. "Property-Owning Democracy and the Demands of Justice," *Living Reviews in Democracy*, Vol.1 (http://democracy.livingreviews.org/index.php/lrd/article/view/lrd-2009-5/15)(二〇一四年四月五日閲覧)。またウィリアムソンはロールズの財産所有の民主制の研究には欠かせない次の文献の共同編者でもある。O'Neill, M. & Williamson, T. *Property-Owning Democracy: Rawls and Beyond.*
*37 ベーシックインカムと連動する形で、市民によって広範に所有される財をフローとストックの面から捉えるならば、フローとしてはベーシックインカム制度に基づく月々の所得の給付、そしてストックとしては政府による企業株式の分配と年間積立制度(普遍的資本的資産universal capital asset制度)に基づく各市民への貯蓄が考え

られる（Williamson, T. "Realizing Property-Owning Democracy: A 20-year Strategy to Create an Egalitarian Distribution of Assets in the United States," in *Property-Owning Democracy*を参照）。

ベーシックインカムによって給付される現金をどのように用いるかは本人（あるいは親権者）の自由である、と通常考えられている。（しかし罪を犯した者に対しては、服役期間中のベーシックインカムの支給は差止められることになる。そうすることで犯罪に対する抑止効果もこの制度は有することになろう。）しかしウィリアムソンが提案する年間積立制度（たとえば、年間約二〇万円）による貯蓄は一八歳になるまで本人ならびに親権者も引き出すことはできない。これは一定程度の金額にならないと資産としての価値が生じて来ないからである。一八歳になった際には（約三八〇万円。利率に応じて増加がある）、この貯蓄を使って大学の進学や起業等を行うことが可能となる。もちろん手付かずのまま蓄えておき、大学の卒業後の留学資金や、中途退職して大学院への入学金等に充てることもできる。また積立満期は三五歳であり、これ以後は政府からの年間の積立はなくなるが、満額を有しているならば住宅購入資金に充てることもできるほど資産を有していることになる（すでにパートナーがおり、こちらも貯蓄をそのままにしているならば、一四四〇万円以上の資金がある）。

こうしたベーシックインカムと年間積立制度を実施し、すべての市民が一定額の資産を所有するようになれば、現在の日本の状況よりも財の広範な所有が可能となり、富の過度の集中を防ぐことによって、一部の富裕層や大企業によって支配されることのない、より正義にかなった政治を市民が運営していくことが可能となる。またこうした政策の財源は、当初は所得税と相続税であるが、時間が経つにつれ、財の分散が広がってくるならば、各人に付与されている株式からの配当金（財産所得）や支出税が主たる財源になると考えられる。

*38 政府が新生児名義の預金口座を開設し二五〇ポンド、貧困家庭の場合はその倍額を交付し、その後、政府が預金を追加していく。七歳時には、家族や親族等もその口座に年間一二〇〇ポンドまで積み立て可能であり、運用益は非課税。そして本人が一八歳になった時点で預金を引き出すことを認めるという制度。若年者が自らのライフ・チャンスを広げることを社会的に支援する試みであり、制度の効果を人びとが具体的に実感するのを可能にする機会を開いている。

*39 日本でのベーシックインカムに関する議論については、次の文献の第三部「日本のBIをめぐる言説」を参照。立岩真也・齊藤拓、『ベーシックインカム――分配する

＊40 最小国家の可能性』
トニー・フィッツパトリックは、ベーシックインカムをそれぞれ固有の理由から支持する各イデオロギーを分析している。市場の活性化の観点からは急進右派、信頼度の高いセーフティネットの提供という観点からは福祉集合主義者、労働市場からの一定の自立の提供という観点からは社会主義者、女性の平等な地位の確保という観点からはフェミニスト、環境負荷が高い生産主義的な賃金獲得活動に従事しない権利を具体化するという観点からはエコロジストがベーシックインカムを支持していると論じている。トニー・フィッツパトリック『自由と保障――ベーシック・インカム論争』の第二部を参照。
＊41 P・ヴァン・パリース、『ベーシック・インカムの哲学――すべての人にリアルな自由を』、三五–四五ページ
＊42 『ベーシック・インカムの哲学――すべての人にリアルな自由を』、五六ページ。
＊43 『正義論 改訂版』、七一五ページ
＊44 『公正としての正義 再説』、二三〇–二三一ページ
＊45 『ベーシック・インカムの哲学――すべての人にリアルな自由を』、六五–七三ページ
＊46 『ベーシック・インカムの哲学――すべての人にリアルな自由を』、一七六ページ
＊47 小沢修司、『福祉社会と社会保障改革――ベーシック・インカム構想の新地平』、一七六ページ。ここで小沢は以下のような試算をしている。平成一四年度の所得税収（国税）は一五・八兆円。そして給与総額二二二・八兆円のうち所得控除（一二五・八兆円）をなくして基本的にすべての給与所得に比例課税する。ベーシックインカム必要総額は一一五兆円〔九六万円×一億二〇〇〇万人〕なので、給与総額二二二・八兆円に対して五一・六％、おおよそ五〇％のベーシックインカム所得税率で財源の調達は可能だとしている。
＊48 『公正としての正義 再説』、二〇一ページ
＊49 『正義論 改訂版』、三七三–三七四ページ
＊50 『公正としての正義 再説』、二八二–二八三ページ
＊51 山森亮編『労働と生存権』、第五章「ワークフェアと生存権」（小林勇人）を参照。
＊52 福間聡、『ロールズのカント的構成主義――理由の倫理学』、第一部第一章第三節「熟議による民主主義と基礎所得」を参照。
＊53 福間聡、『経済倫理のフロンティア』、第一二章「福祉社会の可能性」を参照。
＊54 Elster, J. "Is There (or Should There Be) a Right to Work?," を参照。
＊55 『民主政の不満・下』、一一三ページ
＊56 『民主政の不満・下』、一一三–一一四ページ

＊57 『正義論 改訂版』、五六八－五六九ページ

＊58 『正義論 改訂版』、五七九－五八〇ページ

＊59 前述の注（34）を参照。

＊60 今村仁司、『近代の労働観』を参照。

＊61 Pence, G. "Towards a Theory of Work," *Philosophical Forum* 10, No. 2-4 (Winter-Summer 1978-79). Reprinted in Schaff, K. (ed.) *Philosophy and the Problems of Work: A Reader*, Rowman & Littlefield（二〇〇一）。本書でのペンスの論文から引用は後者のシャフによるアンソロジーに拠っている。

＊62 Pence, G. "Towards a Theory of Work"、九三－九五ページ

＊63 この後者の例は東京農大で「法と社会」を講義した際に、学生のリアクションペーパーから教わったものである。

＊64 『正義論 改訂版』、三九〇－三九一ページ

＊65 ドミニク・メーダ、『労働社会の終焉――経済学に挑む政治哲学』の第七章「労働は社会的きずなか？」を参照。

＊66 「討論型世論調査」については次のサイトを参照されたい。慶應義塾大学ＤＰ（討論型世論調査）研究センター「討論型世論調査の意義と概要」(http://keiodp.sfc.keio.ac.jp/?page_id=22)（二〇一四年四月一一日閲覧）。

＊67 Meade, J.E. *Efficiency, Equality and the Ownership of Property*、四〇－四一ページ

＊68 『正義論 改訂版』、七－八ページ

＊69 『正義論 改訂版』、七五〇－七五一ページ

＊70 『完訳 統治二論』後編第五章第二七節（三二六ページ）を参照。

＊71 カール・マルクス&フリードリヒ・エンゲルス、『新編輯版 ドイツ・イデオロギー』、二三七ページ

＊72 山森亮、『ベーシック・インカム入門――無条件給付の基本所得を考える』、一二三ページ

終章

ロールズの正義論は現代社会で有効なのか？

1 格差〈是正〉原理としての理解

ロールズの正義論で最も有名なポイントはおそらく、「格差原理」であろう。すなわち、「社会・経済的不平等は最も不遇な人びとの期待便益を最大に高めるように編成されねばならない」という要請である。この格差原理に対する最大の疑念は、最も恵まれていない人びとだけに便益をもたらすことに傾斜し、その他の社会の成員（富裕層、中間層）は一方的に損をすることを要求しているのではないか、というものであると思われる。

財産所有の民主制の実現と維持のために、ベーシックインカムや年間積立制度（普遍的資本的資産universal capital asset制度[*1]）を施行することは、最も恵まれない人びとに対しては大きな便益を与えるものの、その他の社会の成員たちにとっては努力して得た所得を彼らによって搾取されていると感じるかもしれない。確かに、金銭面だけで見るならば、一方的に損をしているように見える。しかしながら、繰り返すが、ロールズの正義原理が分配の対象としているのは所得や富だけでなく、自由や機会、そして自尊の社会的基礎である。平等な自由原理は自由と権利、公正な機会均等原理は社会・経済的機会、そして格差原理は所得と富を分配の対象としている原理であるが、最も重要な社会的基本財である自尊の社会的基礎は、これらすべての原理によって分配の対象とされている。すなわち自尊の社会的基礎とは、それ自体が分配されるものではなく、自由・権利、機会、そして所得と富が適切に分配・分布されている社会状態が形成されることで各人に保障される最も尊重されるべき社会的基本財なのである。

ロールズ格差原理を考えるときにどうしても「富の分配」のみに目をくらまされてしまうが、肝は自尊の社会的基礎の分配にあり、その手段として「富の分配」を求めているのである。正義の二原理が実現されている財産所有の民主制社会にあっては、最も恵まれていない人びとには所得と富の分配が現在の社会状態よりも多く分配される一方で、富裕層や中間層に属する人びとに対しては、適切な自尊の基礎が現在よりもより豊かに保障されると思われる。

確かに社会格差が大きい社会でも富裕層はある種の自尊心を得ている。しかしながらそれは自分よりも社会的に劣位にある者との比較において得られている自己肯定感であり、「自己評価 self-esteem」としての自尊である。他方ロールズの念頭にある自尊とは――『正義論』にあってはself-esteemと互換的に用いているものの――「自己尊重 self-respect」としての自尊であり、この感情は自分の人格と自分の地位の尊厳（dignity）に対する適切な配慮（regard）から得られるものである。[*2] 同じ社会の成員でありながら、貧窮した状態で生活をせざるをえない人びとがいるという状態は、富裕層や中間層の人びとにとっても心穏やかでなく、そのような現状を黙認していては、自分の人格の尊厳に対する適切な配慮としての「自尊 self-respect」を得ることはできないのではないだろうか。

もし、どの社会階層においても人びとが最終的に得たいものが、物質的なものだけでなく生活の安心・安全や健康などを含む大きな幸福感であるとするならば、このような「自尊の基礎」の分配を最も重要視するロールズの正義論は社会正義についてのどのような思想よりも有効ではないだろうか。

公正でより平等な社会にあっては、将来に展望を見出せないことから自暴自棄になり罪を犯すという人びとは減り、またそうした犯罪に巻き込まれるかもしれないといった心労も軽減されるため、その社会において暮らしている人びとの安心・安全感がより高まり、人びとの健康にとってもよい影響を与えることになる。[*3] 富裕層が最終的に得たいものが物質的なものではなく、生活の安心・安全であり、そして健康であるならば、自宅の警備やガード、各種の保険や健康診断、特別な医療やスポーツジムでのエクササイズに多額のお金を費やすよりも、平等な社会を実現するための諸政策に支出したほうが全体的で長期的な効果——本人だけでなく、家族や関係者、自分の子孫に対しても安心・安全と健康を高めることが可能であるので——が望めるであろう。これは財や富という形での遺産よりも、より価値あるものを家族や孫子に遺すことにならないだろうか。

また中間層にあっては、民主国家においては不適切な富裕層による不当な政治支配が大幅に抑制されるため、政治的権利の実質的な拡大（政治的自由の公正な価値の実現）となるであろう。

こうした観点からすると、財産所有の民主制社会にあっては、富裕層は適切な自尊心、生活の安心・安全、そして健康が得られ、中間層はこれらとともに、政治的権利の実質的拡大を享受することができるため、一方的に損をするわけではなく、むしろ所得や富とは異なる形での「諸善 goods」を受け取ることになるのである。

したがって格差原理とは「社会・経済的不平等は最も不遇な人びとの期待便益を最大に高めるものならば許容される」といった格差〈許容〉原理ではなく――『正義論 改訂版』の翻訳でも補訳されているように――「最も不遇な人びとの期待便益を最大に高めるものでないならば、社会・経済的不平等は是正されなければならない」といった格差〈是正〉原理として理解されなければならない。

こうした視座からロールズの『正義論』が読まれるならば、資本主義的福祉国家体制が継続している二一世紀の現在にあってこそ、ロールズの正義の理論はその有効性を発揮するものであるといえる。

2 余暇の位置づけ

ロールズはフリーライダー問題に対処するために、余暇を社会的基本財の指標に含めうることを認めている。その理由は、標準時間以上の余暇（一六時間＋α）を有している人は、その分だけより多くの財を有しているため、働いていないため所得が無く最も不遇な状態にあるとしても、働いているが最低限の賃金しか得ていない人よりも生活状況が悪いとは言えないため特別な配慮がなされる必要はない、という主張を行うためである。すなわちロールズの格差原理は怠け者（フリーライダー）に有利に働く原理ではないのかという批判に答えるために、消極的な理由から、余暇を基本財に含めたのである。

しかしながら余暇を基本財に含める条件として、「有意義な仕事 fruitful work」への機会が一般的に入手できることを社会は確実にしなければならないとロールズは主張している。[*4] この条件を付すことによって、有意義な仕事に就く機会があるにもかかわらず敢えて余暇を選んだAさんは、賃労働から得た所得を有しているBさんと同程度の財を保有していると見なしうる。すなわち、働いていないAさんはその分多くの余暇という基本財を得ているので、現に標準時間（八時間）働いているが最も不遇な状態にあるBさんよりも、所得の面では劣位にあるとしても、基本財の指標上は等しい生活状況にあると規定することが可能になるのである。では最後の手段として「社会が雇用主」になるとしても、[*5] すべての市民に有意義な仕事（賃労働）への機会を提供できない場合はどうなるのであろうか。

この点についてヴァン・パリースは次のように指摘している。

もし私たちが、ロールズが暗黙のうちに想定している（それほど遠くない昔まではそのように想定しても彼は正しかった）ような世界——すなわち、諸国家が国際競争によって制約されることがほとんどなく、健常な個人は十分なトレーニングを積めば家族を養うのに十分な給与のジョブを見つけることが無理なく期待できる世界——に住んでいるとしたら［……］ベーシックインカムもはるかに重要性の低いものとなるだろう。世界経済において起こりつつある諸々の変化が完全に実現するとしたら、ロールズは完全無欠の左派ロールズ主義者〔ベーシックインカム支持者〕に転換するだろうと私は確信している。*6

グローバル化した世界においては、もはや国家は独立・自足した存在ではなく、政府の独力で自国のすべての市民に雇用を確保することは困難である。それゆえ雇用や仕事の保障を行うのではなく、所得の保障を行うベーシックインカムが望ましいとヴァン・パリースは主張している。完全雇用は不可能であることをロールズが認めるならば、ロールズもベーシックインカムの擁護者になるとヴァン・パリースは論じている。

私の考えでは、ベーシックインカムが施行されている財産所有の民主制社会にあっては、人びとは自らの時間をどのように用いるのかについて、真に自由に決定することが可能になっている。すなわちどのような善の構想でも、人びとはそれを追求するための実質的な手段と機会が与えられているのだ。この社会にあっては、正義にかなった諸制度を支持し、維持することは人びとに義務として要求されているが、〔従来の意味における賃労働としての〕働くことは義務としては要求されてはいない。

それゆえロールズの「社会が雇用主」になるという主張を私なりに大胆に解釈するならば次のようになる。社会が提供すべき有意義な仕事とは賃労働のことではなく、第4章でも説明した、新たな労働、すなわち正しい社会を運営してゆく活動や社会的な絆を形成する活動のことを意味しているのであり、こうした活動に参与する機会を社会は——自尊の社会的基礎として——提供しているにもかかわらず、敢えて参与しない人びとは市民としての責務を果たしていないとして、そうした活動を行っている人びとよりも生活状況は不遇である——自分自身に価値があると見なせない——としても、それは自己責任であると見なされるべきである、という主張として読み替えてみたい。

自尊の感情はもちろんどのような活動からも——アリストテレス的原理を充たしているならば——得ることは可能であるが、自尊が得られる活動の種類は多い方が良いであろう。なぜならそれまで自尊を得られていた活動であっても、様々な要因によって——その活動を行っていたコミュニティが崩壊する、最も自分を尊重してくれていたメンバーが脱退する等——自尊が得られなくなることはおそらくありうるからでる。

財産所有の民主制社会にあっては、最も安定的に自尊の基礎となる活動は正しい社会を運営し、社会的な絆を形成するという、社会の一員としての責務を果たす活動である。そうした活動に参画できる機会が与えられていながら、自尊が得られないことを嘆くこと、自分は不遇だと託つことは不適切であるといえる。この社会にあって怠惰な者とは生産的な活動をしない者ではなく、機会が与えられているにもかかわらず正しい社会を運営し、社会的な絆を形成するといった働きをせずに、その恩恵だけを受けている者なのである。そしてこの意味において「働かない者は不正義」なのである。

＊1　第4章の注37を参照。

＊2　マイケル・ウォルツァー、『正義の領分——多元性と平等の擁護』、四一五ページ。またロールズは後の論文において、self-esteemとself-respectを異なる自尊概念であると述べているが（"A Kantian Conception of Equality" ロールズの『論文集』（*Collected Papers*）に第三章として所収）、しかしどう異なるかについては説明していない。

＊3　こうした社会疫学的調査についての文献は多数存在するが、概説書としては。とりわけ社会格差と暴力の連関性に関しては次の文献を参照されたい。リチャード・ウィルキンソン&ケイト・ピケット、『平等社会——経済成長に代わる、次の目標』

＊4　『公正としての正義 再説』、三一二ページ

＊5　*Political Liberalism*, paperback ed., p. lix、『万民の法』、六九ページ

＊6　『ベーシック・インカムの哲学』、三七五ページ

あとがき

本書を執筆するきっかけのひとつは、東京農業大学で二年間「法と社会」という科目を担当し、「労働」「企業」「消費」「市場」「福祉」というテーマに沿って講義したことである（教科書としては本書でも参照している『経済倫理のフロンティア』（ナカニシヤ出版）を使用した）。

この授業では各単元の終了ごとにリアクションペーパーの提出を課題として要求したが、「労働」の単元では「講義の内容を踏まえ、これまでの皆さんの経験に基づいて、労働はどうあるべきか、労働を「仕事」にするには会社や社会のシステム、働く者の意識はどうあればよいのかについて論じよ」といった内容の課題を示した。基本的に私は出席を取らない主義なので、この授業も出席を記録していなかった。それゆえ授業に参加している学生は押し並べて真面目な子であったと思われるが、リアクションペーパーを読んで驚かされたのは、アルバイトを遊興費ではなく生活費を稼ぐために行っている学生が予想よりも多かったこと、仕事（バイト）に対して大変真摯（生真面目？）に向き合っていること、働くことは自己実現につながり、他の人（同僚や顧客）から自分を認めてもらうことであると考えている学生が少なからずいたこと、である。

今の大学生と私とでは二〇歳ほど年齢が離れているが、私が大学生だった頃よりも、働くこと（アルバイトや就職活動）に対する向き合い方が大変実直であり、そして深刻であるという印象を受ける。立教大学で同僚であった同年代の先生もそういった印象を今の学生から受けていたようである。こうした仕事に対する学生の生真面目さに乗じて、現在ではブラック企業どころかブラックバイトという現象も報告されている。

大学生のこうした意識の変化の理由は、本文でも言及したように雇用状況の悪化もあるが、それとともに、バブル期以降の一九九〇年代に生まれた彼ら・彼女らは好景気とは何であるのかを知らないように、資本主義的福祉国家以外の国家の選択肢を知らないがために、こうした社会状況のもとでも自分の力でなんとか生きていかざるをえないと達観しているようにみえる。旧ソ連や東欧諸国の社会主義体制が望ましいものであったとはもちろんいえない。しかしながら、少なくとも、資本主義体制を相対化する（絶対視しない）役割がこうした国の存在にはあったと思われる。

それゆえ、本書では、資本主義的福祉国家を相対化するための一つの視点として、「財産所有の民主制」を提示している。この社会体制がどのようなものであるのかについてここでは繰り返さないが、ひととひととの間柄を重視するという意味でのsocialism（間柄主義）を私有財産制度のもとで実現している社会システムであるともいえる。

本書は筆者によるジョン・ロールズに関する二冊目の単著となる。最初の本（『ロールズのカント的構成主義——理由の倫理学』（勁草書房）はロールズ哲学の理論的な側面に照準を絞った専門的な研究書であったが、本書はロールズ哲学の実践面に焦点を合わせた一般書となっている。初めての一般書の執筆ということもあって、今回担当をしていただいた中西豪士氏からは一般の読者はロールズに関してどのようなことを知りたいと思っており、現在の社会情勢に対していかなる指針をロールズに求めているのかについて、様々な助言を頂いた。中西氏のコメントや質問にすべて回答できたわけではないが、本書は中西氏とのコラボレーションの成果となっている（もちろん文責はすべて私にある）。

本書の執筆期間に私は所属を東京大学死生学・応用倫理センターから立教大学コミュニティ福祉学部、そして高崎経済大学地域政策学部へと移動することになったが、いずれの大学においても先生方や職員の方々から数多くのサポートを頂いた。この場を借りてお礼申し上げる。

最後に、ロールズが求めているような社会を実現するために私たちにできる第一歩は、選挙で投票に行くことであり、一部の人たちの意向だけによって政策が決定されないようにすることである。このことは強調しておきたい。私には現在二歳になる娘がいるが、彼女が成人になるころには、GDP換算では今より豊かではないとしても、より公正な社会になっていてほしいと切に願っている。

二〇一四年八月　福間　聡

参考文献（政府機関発行の報告書および新聞・雑誌記事等は除く）

Bentham, Jeremy〔1781〕*An Introduction to the Principles of Morals and Legislation*, (Clarendon Press 1996)、ジェレミー・ベンサム、（抄訳）『道徳および立法の諸原理序説』、山下重一・訳、『世界の名著 四九 ベンサム／J・S・ミル』、〔一九七九〕、中央公論社

Berlin, Isaiah〔1979〕*Four Essays on Liberty*, Oxford University Press、アイザイア・バーリン、『自由論』、小川晃一他・訳、〔一九七九〕、みすず書房

Cohen, G. A.〔1995〕*Self-Ownership, Freedom, and Equality*, Cambridge University Press、G・A・コーエン、『自己所有権・自由・平等』、松井暁、中村宗之・訳、〔二〇〇五〕、青木書店

Daniels, Norman, et al.〔2000〕*Is Inequality Bad For Our Health?*, Beacon Press、ノーマン・ダニエルズ他、『健康格差と正義——公衆衛生に挑むロールズ哲学』、児玉聡他・訳、〔二〇〇八〕、勁草書房

Elster, Jon〔1988〕"Is There (or Should There Be) a Right to Work?," in Gutmann, A. (ed.) *Democracy and the Welfare State*, Princeton University Press

Fitzpatrick, Tony〔1999〕*Freedom and Security: An Introduction to the Basic Income Debate*, St. Martin's Press、トニー・フィッツパトリック、『自由と保障——ベーシック・インカム論争』、武川正吾、菊地英明・訳、〔二〇〇五〕、勁草書房

Freeman, Samuel〔2007〕*Rawls*, Routledge

Freeman, Samuel〔2010〕"A New Theory of Justice," *The New York Review of Books*, October 14, Vol. 57, No. 15

Friedman, David〔1973〕*The Machinery of Freedom: Guide to A Radical Capitalism*, Harper & Row、デイヴィド・フリードマン、『自由のためのメカニズム——アナルコキャピタリズムへの道案内』、森村進他・訳、〔二〇〇三〕、勁草書房

藤原保信、飯島昇藏・編［一九九五］『西洋政治思想史1、2』、新評論

福間聡［二〇〇二］「自己所有権から自己所有へ——二つの能力概念の差異に基づいた転換」、日本イギリス哲学会編『イギリス哲学研究』第24号

福間聡［二〇〇七］『ロールズのカント的構成主義——理由の倫理学』、勁草書房

福間聡［二〇〇七］「メタ倫理学」、イギリス哲学会編『イギリス哲学・思想事典』、研究社

福間聡［二〇一三］「「真正な」善・悪はどこにあるのか？——道徳を教育するという視座から」、国士舘哲学会編『国士舘哲学』No. 17

Hegel, Georg Wilhelm Friedrich［1807］*Phänomenologie des Geistes* (Suhrkamp 2008)、G・W・F・ヘーゲル、『精神現象学』、長谷川宏・訳、［一九九八］、作品社

Hegel, Georg Wilhelm Friedrich［1821］*Grundlinien der Philosophie des Rechts* (Suhrkamp 1986)、G・W・F・ヘーゲル、『法の哲学』、藤野渉、赤沢正敏・訳、『世界の名著 三五 ヘーゲル』［一九六七］、中央公論社

Hobbes, Thomas［1651］*Leviathan* (Penguin Books 1968)、トマス・ホッブズ、『リヴァイアサン』、永井道雄、宗片邦義・訳、『世界の名著 二八 ホッブズ』［一九七九］、中央公論社

Hume, David［1751］*An Enquiry Concerning the Principles of Morals*,（Oxford University Press 1998）、デイヴィッド・ヒューム、『道徳原理の研究』、渡部峻明・訳、［一九九三］、哲書房

今村仁司［一九九八］『近代の労働観』、岩波書店（岩波新書）

Kant, Immanuel［1793］*Über den Gemeinspruch: Das mag in der Theorie richtig sein, taugt aber nicht für die Praxis*,（Felix Meiner 1992）、イマニエル・カント、『理論と実践』、北尾宏之・訳、『カント全集 一四 歴史哲学論集』［二〇〇〇］、岩波書店

Kant, Immanuel［1797］*Die Metaphysik der Sitten*,（Suhrkamp 1982）、イマニエル・カント、『カント全集一一 人倫の

形而上学』、樽井正義、池尾恭一・訳、〔2002〕、岩波書店
加藤尚武・編〔一九九六〕『ヘーゲル「精神現象学」入門』、有斐閣
加藤尚武・編〔二〇〇二〕『ヘーゲルを学ぶ人のために』、世界思想社
川本隆史〔一九九五〕『現代倫理学の冒険――社会理論のネットワーキングへ』、創文社
小林勇人〔二〇一二〕「ワークフェアと生存権」、山森亮編『労働と生存権』、〔二〇一二〕、大月書店
小林正弥〔二〇一〇〕『サンデルの政治哲学――〈正義〉とは何か』、平凡社
小池拓自〔二〇〇七〕「家計資産の現状とその格差」、『レファレンス』
近藤克則〔二〇〇五〕『健康格差社会――何が心と健康を蝕むのか』、医学書院
近藤克則〔二〇〇七〕『検証「健康格差社会」――介護予防に向けた社会疫学的大規模調査』、医学書院
Kymlicka, Will〔2002〕*Contemporary Political Philosophy: An Introduction*, 2nd ed., Oxford University Press、ウィル・キムリッカ、『現代政治理論 新版』、千葉眞、岡崎晴輝・訳者代表、〔二〇〇五〕、日本経済評論社
Locke, John〔1690〕*Two Treatises of Government*,（Cambridge University Press 1988）、ジョン・ロック、『完訳 統治二論』、加藤節・訳、〔二〇一〇〕、岩波書店
Marmot, Michael & Wilkinson, Richard (eds.)〔1999〕*Social Determinants of Health*, Oxford University Press、マイケル・モーモット&リチャード・ウィルキンソン、『21世紀の健康づくり10の提言――社会環境と健康問題』、西三郎・鏡森定信・監修、〔2002〕、日本医療企画
Marx, Karl Heinrich〔1875〕*Kritik des Gothaer Programms*, Dietz 1955, Bd.20、カール・マルクス、『ゴータ綱領批判』、望月清司・訳、〔一九七五〕、岩波書店（岩波文庫）
Marx, Karl & Engels, Friedrich〔1845-1846〕*Die deutsche Ideologie: Kritik der neuesten deutschen Philosophie in ihren Repräsentanten, Feuerbach, B. Bauer und Stirner, und des deutschen Sozialismus in seinen verschiedenen Propheten*,（D. Au-

vermann 1970)、カール・マルクス&フリードリヒ・エンゲルス、『新編輯版 ドイツ・イデオロギー』、廣松渉・編訳、小林昌人・補訳、〔2002〕、岩波書店（岩波新書）

Meade, James Edward〔1964〕*Efficiency, Equality and the Ownership of Property*, Allen & Unwin

Meadows, Donella H. et al.〔1972〕*The Limits to Growth: A Report for the Club of Rome's Project on the Predicament of Mankind*, Universe Books、ドネラ・H・メドウズ他、『成長の限界——ローマ・クラブ「人類の危機」レポート』、大来佐武郎・監訳、〔一九七二〕、ダイヤモンド社

Meda, Dominique〔1995〕*Le Travail: Une Valeur En Voie De Disparition*, Aubier、ドミニク・メーダ、『労働社会の終焉——経済学に挑む政治哲学』、若森章孝、若森文子・訳、〔二〇〇〇〕、法政大学出版局

Mill, John Stuart〔1861〕*Utilitarianism*, (Oxford University Press 1998)、J・S・ミル、『功利主義論』、井原吉之助・訳、『世界の名著 四九 ベンサム／J・S・ミル』〔一九七九〕、中央公論社

Nozick, Robert〔1974〕*Anarchy, State, and Utopia*, Basic Books、ロバート・ノージック、『アナーキー・国家・ユートピア——国家の正当性とその限界』、嶋津格・訳、〔一九九二〕、木鐸社

O'Neill, Martin & Williamson, Thad〔2012〕*Property-Owning Democracy: Rawls and Beyond*, Wiley-Blackwell

Okin, Susan Moller〔1979〕*Women in Western Political Thought*, Princeton University Press、スーザン・オーキン、『政治思想のなかの女——その西洋的伝統』、田林葉、重森臣広・訳、〔二〇一〇〕、晃洋書房

Okin, Susan Moller〔1989〕*Justice, Gender, and the Family*, Basic Books、スーザン・オーキン、『正義・ジェンダー・家族』、山根純佳、内藤準、久保田裕之・訳、〔二〇一三〕、岩波書店

大川正彦〔二〇〇四〕『マルクス——いま、コミュニズムを生きるとは?』、日本放送出版協会

小沢修司〔二〇〇二〕『福祉社会と社会保障改革——ベーシック・インカム構想の新地平』、高菅出版

Parijs, Philippe Van〔1995〕*Real Freedom for All: What (if Anything) Can Justify Capitalism?*, Oxford University Press、P・

ヴァン・パリース、『ベーシック・インカムの哲学――すべての人にリアルな自由を』、後藤玲子、齊藤拓・訳、〔二〇〇九〕、勁草書房

Pence, Gregory〔1978-79〕“Towards a Theory of Work,” *Philosophical Forum* 10, No. 2-4 (Winter-Summer 1978-79), Reprinted in Schaff, K. (ed.) *Philosophy and the Problems of Work: A Reader*, Rowman & Littlefield (2001)

Raphael, David Daiches〔1972〕“Hume and Adam Smith on Justice and Utility,” *Proceedings of the Aristotelian Society*, Vol. 73

Rawls, John〔1996〕*Political Liberalism*, paperback ed., Columbia University Press

Rawls, John〔1999〕*A Theory of Justice*, rev. ed., Belknap Press of Harvard University Press、ジョン・ロールズ、『正義論 改訂版』、川本隆史、福間聡、神島裕子・訳、〔二〇一〇〕、紀伊國屋書店

Rawls, John〔1999〕*The Law of Peoples: with “The Idea of Public Reason Revisited,”* Harvard University Press、ジョン・ロールズ、『万民の法』、中山竜一・訳、〔二〇〇六〕、岩波書店

Rawls, John〔1999〕*Collected Papers*, edited by Samuel Freeman, Harvard University Press

Rawls, John〔2001〕*Justice as Fairness: A Restatement*, edited by Erin Kelly, Belknap Press of Harvard University Press、ジョン・ロールズ、『公正としての正義 再説』、エリン・ケリー編、田中成明、亀本洋、平井亮輔・訳、〔二〇〇四〕、岩波書店

Rawls, John〔2005〕*Political Liberalism*, expanded ver., Columbia University Press

Rawls, John〔2007〕*Lectures on the History of Political Philosophy*, edited by Samuel Freeman, Belknap Press of Harvard University Press、ジョン・ロールズ、『政治哲学史講義1、2』、サミュエル・フリーマン編、齋藤純一他・訳、〔二〇一一〕、岩波書店

Rothbard, Murray Newton〔1982〕*The Ethics of Liberty*, Humanities Press、マリー・ロスバード、『自由の倫理学――リ

バタリアニズムの理論体系』、森村進、森村たまき、鳥澤円・訳、［二〇〇三］、勁草書房

Rousseau, Jean-Jacques［1762］*Du Contrat Social*,（Garnier 1975）、ジャン＝ジャック・ルソー、『社会契約論／ジュネーヴ草稿』、中山元・訳、［二〇〇八］、光文社（光文社文庫）

Russell, Bertrand Arthur William［1935］*In Praise of Idleness, and Other Essays*, George Allen & Unwin、バートランド・ラッセル、『怠惰への讃歌』、堀秀彦、柿村峻・訳、［二〇〇九］、平凡社

坂田周一、三本松政之、北島健一・編著［二〇一四］『コミュニティ政策学入門』、誠信書房

Sandel, Michael J.［1996］*Democracy's Discontent: America in Search of A Public Philosophy*, The Belknap Press of Harvard University Press、マイケル・サンデル、『民主政の不満——公共哲学を求めるアメリカ　下』、小林正弥・監訳、［二〇一一］、勁草書房

Sandel, Michael J.［1998］*Liberalism and the Limits of Justice*, 2nd ed., Cambridge Universtiy Press、マイケル・サンデル、『リベラリズムと正義の限界』、菊池理夫・訳、［二〇〇九］、勁草書房

Sandel, Michael J.［2005］*Public Philosophy: Essays on Morality in Politics*, Harvard University Press、マイケル・サンデル、『公共哲学——政治における道徳を考える』、鬼澤忍・訳、［二〇一一］、筑摩書房

Sen, Amartya［1981］*Poverty and Famines: An Essay on Entitlement and Deprivation*, Oxford University Press、アマルティア・セン、『貧困と飢饉』、黒崎卓、山崎幸治・訳、［二〇〇〇］、岩波書店

Sen, Amartya［1990］"More Than 100 Million Women Are Missing," *The New York Review of Books*, December 20、アマルティア・セン、「一億人以上の女たちの生命が喪われている」、川本隆史・訳、『みすず』第三六七号［一九九一］

Sen, Amartya［1995］*Inequality Reexamined*, Clarendon Press、アマルティア・セン、『不平等の再検討——潜在能力と自由』、池本幸生、野上裕生、佐藤仁・訳、［一九九九］、岩波書店

Sen, Amartya［1997］*Choice, Welfare and Measurement*, Harvard University Press、アマルティア・セン、（抄訳）『合理的

な愚か者――経済学＝倫理学探究』、大庭健、川本隆史・訳、［一九八九］、勁草書房
Sen, Amartya［1999］*Development as Freedom*, Oxford University Press、アマルティア・セン、『自由と経済開発』、石塚雅彦・訳、［二〇〇二］、日本経済新聞社
Sen, Amartya［2009］*The Idea of Justice*, Belknap Press of Harvard University Press、アマルティア・セン、『正義のアイデア』、池本幸生・訳、［二〇一一］、明石書店
Smith, Adam［1759］*The Theory of Moral Sentiments*, (Cambridge University Press 2002)、アダム・スミス、『道徳感情論』、水田洋・訳、［二〇〇三］、岩波書店
Smith, Adam［1776］*An Inquiry into the Nature and Causes of the Wealth of Nations*, 2 volumes, (Clarendon Press 1976)、アダム・スミス、『ワイド版世界の大思想 II-7 スミス 国富論 上』、水田洋・訳、［二〇〇五］、河出書房新社
Sodha, Sonia［2012］"The Empirical and Policy Linkage between Primary Goods, Human Capital, and Financial Capital: What Every Political Theorist Needs to Know," in *Property-Owning Democracy*
立岩真也・齊藤拓［二〇一〇］『ベーシックインカム――分配する最小国家の可能性』、青土社
橘木俊詔・編著［二〇〇九］『働くことの意味』、ミネルヴァ書房
柘植尚則他［二〇〇七］『経済倫理のフロンティア』、ナカニシヤ出版
Walzer, Michael［1983］*Spheres of Justice: A Defense of Pluralism and Equality*, Basic Books、マイケル・ウォルツァー、『正義の領分――多元性と平等の擁護』、山口晃・訳、［1999］、而立書房
Williamson, Thad［2012］"Realizing Property-Owning Democracy: A 20-year Strategy to Create an Egalitarian Distribution of Assets in the United States," in *Property-Owning Democracy*
Wittgenstein, Ludwig［1953］*Philosophical Investigations*, (Blackwell 2001)、ルートヴィヒ・ウィトゲンシュタイン、『ウィトゲンシュタイン全集八 哲学探究』、藤本隆志・訳、［一九七六］、大修館書店

Wolff, Jonathan［1991］*Robert Nozick: Property, Justice and the Minimal State*, Polity Press、ジョナサン・ウルフ、『ノージック――所有・正義・最小国家』、森村進、森村たまき・訳、［一九九四］、勁草書房

山岡龍一［二〇〇九］『西洋政治理論の伝統』、放送大学教育振興会

山岡龍一、齋藤純一・編著［二〇一〇］『公共哲学』、放送大学教育振興会

山田昌弘［二〇〇四］『希望格差社会――「負け組」の絶望感が日本を引き裂く』、筑摩書房、［二〇〇七］（ちくま文庫）

山田昌弘［二〇〇六］『新平等社会――「希望格差」を超えて』、文藝春秋、［二〇〇九］（文春文庫）

山森亮［二〇〇九］『ベーシック・インカム入門――無条件給付の基本所得を考える』、光文社（光文社新書）

［**ウェブサイト**］

Baehr, Amy R., "Liberal Feminism," *The Stanford Encyclopedia of Philosophy* (Winter 2013 Edition), Edward N. Zalta (ed.), (http://plato.stanford.edu/archives/win2013/entries/feminism-liberal/) (Last accessed April 5, 2014)

Williamson, Thad［2009］"Property-Owning Democracy and the Demands of Justice," *Living Reviews in Democracy*, Vol.1 (http://democracy.livingreviews.org/index.php/lrd/article/view/lrd-2009-5/15) (Last accessed April 5, 2014)

読書案内

財産所有の民主制と労働について考えるためのロールズの読み方

福間 聡

『正義論』は——ロールズ自身が認めているように——余りにも大部な著作であるため、著者自ら読書案内を示してくれているが、そのひそみにならい、ここでは本書の中心テーマであるロールズの「財産所有の民主制と労働観」を知るための『正義論』の読み方とその他の著作を挙げてゆきたい。

まずは**第42説「経済システムに関する若干の所見」**であるが、この節では財産所有の民主制社会における公共財の供給と市場の位置づけについて考察されている。続く**第43節「分配的正義の後ろ盾となる諸制度」**では、市場における競争的な価格システムを司る〈配分部門〉、完全雇用をもたらすことに務める〈安定化部門〉、ソーシャル・ミニマムの維持に責任を負う〈移転部門〉、租税と所有権に関する必要な調整を行い、分配上の取り分の正義を維持する〈分配部門〉、公共財の供給に関する〈交換部門〉の五つに政府の役割は分割できることが説明されている。**第46節「優先権に関する追加的なケース」**では正義の二原理の最終的な定式化が行われ、**第47節「正義の諸指針」**では分配上の取り分（所得）に関する常識的な指針（〈各人に各人の貢献に応じて〉、〈各人に各人の訓練と教育に応じて〉、〈各人に各人の努力に応じて〉、〈各人に各人が背負うリスクに応じて〉）が検討されており、**第48節「正統な予期と道徳上の功績」**では、道徳上の功績（徳）に応じた分配という構想を拒絶し、ルールに適った事柄に従事することから生じる正当な予期に基づいて利益（所得）の分配が行われるべきことをロールズは主張している。

第65節「アリストテレス的原理」では、〈人間は自らの実現された能力の行使を楽しみ、またそうした行使による才能の発揮を目撃する他者も楽しむところとなる〉というアリストテレス的原理とその随伴効果の説明がなされ、**第67節「自尊、卓越および恥辱」**において、この原理にかなった活動を行うコミュニティ（社会連合）に所属することは我々の自尊の基礎となることが論じられている。

そして**第79節「社会連合という理念」**では、財産所有の民主制社会（秩序だった社会）とは、〈複数の社会連合から成るひとつの社会連合〉にほかならず、この社会では、正義にかなった制度を支持するという協働の活動こそが人間の繁栄・隆盛の傑出した形態となることが主張され、そして、意義のある仕事に自発的に取り組むことによって（こうした機会をこの社会は人びとに保障するのだが）、他者への奴隷的な依存や単調で決まりきった業務といった分業の最も悪い側面は克服されるとロールズは論じている。

ここまで読み進めたあと、**「改訂版への序文」**に遡り、福祉国家と財産所有の民主制との差異についてのロールズによる明確化を確認し、最後に**『公正としての正義再説』の第4部「正義に適った基本構造の諸制度」**を読破すれば、ロールズが財産所有の民主制と労働について論じている部分は網羅したことになる。さらにもう一歩理解を深めたい読者は本書でも参考にした*Property-Owning Democracy: Rawls and Beyond*を繙いてほしい。単なる文献研究でない、ロールズの思想を社会実践へと結び付ける論考のアンソロジーとなっている。

福間 聡（ふくま・さとし）
1973年生まれ。明治大学法学部法律学科卒業、東北大学大学院文学研究科博士課程（哲学専攻）修了。博士（文学）。日本学術振興会特別研究員、東京大学大学院人文社会系研究科特任研究員、立教大学コミュニティ福祉学部助教などを経て、現在、高崎経済大学地域政策学部准教授。専門は社会哲学、倫理学、応用哲学、死生学。おもな訳著書に『ロールズのカント的構成主義 理由の倫理学』（2007年、勁草書房、単著）、『コミュニティ政策学入門』（2014年、誠信書房、共著）、ジョン・ロールズ『正義論 改訂版』（2010年、紀伊國屋書店、共訳）など。

いま読む！名著

「格《かく》差《さ》の時《じ》代《だい》」の労《ろう》働《どう》論《ろん》

ジョン・ロールズ『正義論』を読み直す

2014年9月15日　第1版第1刷発行

著者	福間 聡
編集	中西豪士
発行者	菊地泰博
発行所	株式会社現代書館 〒102-0072 東京都千代田区飯田橋3-2-5 電話 03-3221-1321　FAX 03-3262-5906　振替 00120-3-83725 http://www.gendaishokan.co.jp/
印刷所	平河工業社（本文）　東光印刷所（カバー・表紙・帯・別丁扉）
製本所	積信堂
ブックデザイン・組版	伊藤滋章

校正協力：電算印刷

ISBN978-4-7684-1004-2

活字で利用できない方のための
テキストデータ請求券
『「格差の時代」の労働論』